Die Straßenbahn der Berliner Verkehrsbetriebe (BVG-Ost/BVB) 1949-1991

W0173452

VERKEHRSGESCHICHTE

Sigurd Hilkenbach
Wolfgang Kramer

Die Straßenbahn der Berliner Verkehrsbetriebe

(BVG-Ost/BVB)

1949–1991

Einbandgestaltung: Andreas Pflaum
Titelbild: Sigurd Hilkenbach

Die Fotos stammen von:
G. Bordiehn, G. Conradi, R. Demps,
K. H. Drowski, W. Esch, B. Freimann, H. Fritz,
D. Gammrath, H. Golzsch, S. Hilkenbach,
K. Kindermann, E. Kolodziej, W. Kramer,
H.-J. Krause, J. Kubig, H. Lehnhart, G. Lindow,
N. Lossberger, J. Meyer-Kronthaler,
S. Münzinger, B. Neddermeyer, B. Nienerza,
R. Putzke, W. R. Reimann, K. Reineck,
W. Schreiner, B. Schulz, J. Stave, Slg. Stock-
horst, H. Stürzebecher, H. Tschirner, W. Ulma,
V. Uzoff, A. M. Voogel und S. Wiese

ISBN 3-613-71063-3

©1997 by transpress Verlag, Postfach 10 37 43,
70032 Stuttgart.
Ein Unternehmen der Paul Pietsch Verlage
GmbH + Co.
2. Überarbeitete Auflage 1999

Lektor: Claus-Jürgen Jacobson
Innengestaltung: Viktor Stern
Reproduktion: Repro Schmid, 70469 Stuttgart
Druck: Gulde, 72070 Tübingen
Bindung: Josef Spinner, 77833 Ottersweier
Printed in Germany

Vorwort

Viel ist über die Berliner Straßenbahn in ihrer inzwischen über 130jährigen Geschichte geschrieben worden, unzählige Artikel und zahlreiche Bücher füllen so manchen Schrank des Straßenbahn- und Berlin-Liebhabers. Doch für die Zeit nach 1945 lag das Schwergewicht fast immer auf der Straßenbahn im Westen Berlins, genauer in den drei Westsektoren der Metropole an der Spree. Zugegeben, dies war der größere Teil der alten deutschen Hauptstadt (12 Bezirke von 20), der vielleicht auch den interessanteren Stoff bot, doch mit dem Verschwinden der für die Berliner einmal unentbehrlichen »Elektrischen« im Oktober 1967 schien die Geschichte zu Ende zu sein.

Dabei war fast immer d e r Teil Berlins vernachlässigt worden, der sich im Bereich des sowjetischen Sektors befand (auch »Ostsektor« genannt, später etwas großspurig als »Hauptstadt der DDR« bezeichnet), und in dem die Straßenbahn auf wundersame Weise aus den verschiedensten, wenn auch zeitweilig gar nicht einmal gewollten Gründen überlebte.

Ja, man kann sagen, diesem Überleben der Straßenbahn der »BVG-Ost« und ab 1969 des »VEB Kombinat Berliner Verkehrsbetriebe (BVB)« haben wir es zu verdanken, daß dieses beliebte Verkehrsmittel nun auch wieder durch die Straßen g a n z Berlins rollt. Doch das ist eine andere Geschichte.

Die historische Epoche der »Ost-Straßenbahn« von 1949 bis 1991 ist abgeschlossen. Das war für die Autoren Grund genug, ein umfassendes Werk über dieses Kapitel Berliner Stadt- und Verkehrsgeschichte vorzulegen, auch wenn sich diese Geschichte zum größeren Teil hinter einer hohen Betonmauer abgespielt hat.

Inhalt

1

Entstehung der »BVG-Ost«

Die Geschichte der BVG-Ost bzw. der späteren BVB beginnt im Jahre 1949 und hat über 40 Jahre lang auch die Entwicklung der Straßenbahn geprägt.

Wie ist es zu der Trennung der BVG gekommen? Zunächst wurde 1948 die Berliner Stadtverwaltung gespalten. Die Ereignisse im Neuen Stadthaus in der Parochialstraße sind inzwischen Geschichte und hinreichend aufgearbeitet worden. Ungeachtet der Teilung des Magistrats versuchte die BVG ihren Betrieb als einheitliches städtisches Unternehmen weiter zu führen, trotz aller nunmehr eingetretenen Schwierigkeiten. Nach der Spaltung gab es in beiden Stadthälften je einen Stadtrat für Verkehr, der natürlich in seinem Gebiet die durch ihn vertretene Verkehrspolitik verwirklicht sehen wollte. Der Einfluß des Magistrats konnte im BVG-Beirat wirksam werden. Im Januar 1949 verlangte nun der neue Ost-Magistrat, daß in dem Beirat Mitglieder aus beiden Teilen der Stadt vertreten sein sollten. Dies lehnte Ernst Reuter als gewählter Oberbürgermeister von Berlin mit der Begründung ab, der Magistrat von Groß-Berlin (wie sich der West-Magistrat zunächst weiter nannte) sehe sich nicht in der Lage, mit Vertretern des abgespaltenen Ost-Magistrats in irgendeiner Körperschaft zusammenzuarbeiten.

So befand sich die BVG nun zwischen Baum und Borke - sprich zwischen West- und Ost-Magistrat. Die Direktion der im amerikanischen Sektor residierenden BVG pendelte ständig zwischen Ost- und West-Berlin, um mit dem jeweiligen Magistrat Verhandlungen zu führen.

Hinzu kamen Anfang März 1949 neue Schwierigkeiten. Da die gleich nach Kriegsende unter sowjetischer Oberhoheit gegründete Einheitsgewerkschaft FDGB (Freier Deutscher Gewerkschaftsbund) nur im Ostsektor tätig werden konnte, nahm die in West-Berlin bereits 1946 gebildete UGO (Unabhängige Gewerkschafts-Organisation) Verhandlungen mit der BVG auf. Seitens der Belegschaft war mit dem BVG-Personaldirektor Wilhelm Knapp, einem SED- und früheren langjährigen KPD-Mitglied, kein befriedigendes Verhältnis durchzusetzen, und so forderte der Betriebsrat die Abberufung des Personaldirektors, da »eine Zusammenarbeit mit ihm unmöglich war« , und forderte ihn ultimativ auf, die BVG-Verwaltung zu verlassen. Dies lehnte Knapp mit dem Argument ab, er könne rechtlich nur vom Magistrat entlassen werden. Daraufhin kam es am Morgen des 10. März 1949 zu tumultartigen Szenen vor der BVG-Hauptverwaltung in der Potsdamer Straße, und Teile der verärgerten Belegschaft hinderten den Personaldirektor am Betreten des Gebäudes. Oberbürgermeister Ernst Reuter verfügte als Vorsitzender des BVG-Beirates sofort die vorläufige Beurlaubung des Direktors Knapp.

Wie ging es nun weiter?

Knapp setzte sich mit dem Ost-Magistrat in Verbindung und teilte zwei Tage später der BVG die Vorschläge für seine weitere Tätigkeit mit, welche folgendes beinhalteten:

Die BVG sollte auch weiterhin ein einheitlicher Verkehrsbetrieb bleiben, er würde als Verbindungsmann zu den Ost-Behörden fungieren und dafür sorgen, daß alle Vorgänge, die BVG-Dienststellen im Ostsektor betreffen, möglichst reibungslos abgewickelt würden. Zu diesem Zweck wolle er sich ein kleines Büro in der Stralauer Straße 42/43 einrichten. So entstand im März 1949 die Keimzelle der BVG-Ost, und das war auch der Anfang der Spaltung der BVG.

Bei allen Verhandlungen mit dem Ost-Magistrat war in der Folgezeit Wilhelm Knapp beteiligt. Nach kurzer Zeit mußte man aber einsehen, daß ein völlig einheitliches Weiterbestehen der BVG über ganz Berlin nicht möglich sein würde. Es traten doch zu viele Schwierigkeiten auf.

Um eine drohende völlige und willkürliche Trennung der östlichen und westlichen Teile der BVG und eine eventuelle Unterbrechung der bisher noch durchgehenden Verkehrsverbindungen zu vermeiden, entschloß sich die BVG, eine »Verwaltungteilung« vorzunehmen, nachdem Oberbürgermeister Reuter hierzu Anfang April 1949 seine Zustimmung gegeben hatte.

Zunächst wurden die Grenzen der Verkehrsbezirke so verändert, daß sie sich mit den Grenzen des Ostsektors deckten.

Zum Bereich der Ost-BVG gehörten die Verkehrsbezirke NORDEN und SÜDOSTEN und, bezogen auf die Straßenbahn, die Betriebshöfe

Nie = Niederschönhausen, Blankenfelder Straße
Wei = Weißensee, Bernkasteler Straße

Lich = Lichtenberg, Siegfriedstraße
Tre = Treptow, Elsenstraße
Na = Oberschöneweide, Nalepastraße
Köp = Köpenick, Wendenschloßstraße.

Der Wagenpark, der auf diesen Höfen beheimatet war, gehörte nun zur Ost-BVG. Im einzelnen waren dies[1]

451	Triebwagen
367	Beiwagen
106	Arbeitstriebwagen
82	Arbeitsbeiwagen.

Bei der Verwaltungstrennung am 1. August 1949 bestand das östliche Verkehrsnetz aus den Linien:

1		Stadtring	
3	*	Seestraße, Friedhöfe	– Treptow, Elsenstraße
4		Strelitzer Straße	– Schlesisches Tor
13		Bersarinplatz	– Kraftwerk Klingenberg
23	*	Augustenburger Platz	– Rosenthal
24	*	Bf. Gesundbrunnen, Rügener Str.	– Buchholz
46		Kupfergraben	– Nordend
49		U-Bf. Danziger Straße	– Buchholz
64		Hohenschönhausen, Falkenberger Straße	– Rathaus, Jüdenstraße
65		Lichtenberg, Scheffelstraße	– Rathaus, Jüdenstraße
69		Elbinger Straße E. Landsberger Allee	– Oberschöneweide, Edisonstraße
71		Heinersdorf	– Rathaus, Jüdenstraße
72		Weißensee, Rennbahnstraße	– Rathaus, Jüdenstraße
73	*	Weißensee, Rennbahnstraße	– Bf. Lichterfelde Ost
74	*	Weißensee, Rennbahnstraße	– Lichterfelde, Finckensteinallee
82		Breite Straße	– Alt-Stralau (als Bus)
83		Bf. Mahlsdorf	– Wendenschloß
84		Adlershof (Teltowkanal)	– Bf. Friedrichshagen
86		Mahlsdorf-Süd, Hubertus	– Schmöckwitz
87		Dönhoffplatz	– Rahnsdorf
91		Treptow, Rathaus	– Johannisthal (als Bus)
92		Schlesisches Tor	– Bf. Oberspree (als Bus)
95	*	Kreuzbergstraße	– Köpenick, Krankenhaus
96	**	Bf. Tempelhof	– Machnower Schleuse

Diese 24 Straßenbahnlinien hatten eine Linienlänge von 227,5 Kilometern.

*) Gemeinschaftslinien BVG-Ost/BVG-West
**) Auf dieser Linie wurden ausschließlich Fahrzeuge der BVG-West eingesetzt

Von den Gleisanlagen der Straßenbahn fielen etwa 40 Prozent an die BVG-Ost. Im einzelnen waren dies:

Bestand	461,2 km
in Betrieb	341,1 km
davon für Linienverkehr	299,7 km
Zufahrt- und Werkstattgleise	33,3 km
Gütergleise	8,1 km

Für die Betriebsaufsicht wurde eine eigene Meldestelle in Ost-Berlin geschaffen. Die Schaffnerausbildung erfolgte bei der BVG-Ost, die Fahrerausbildung sollte bei der BVG-West verbleiben, da nur diese über eine entsprechende Fahrschule und eine psychotechnische Prüfstelle verfügte. Der Verkehrstarif – so stand es in den damaligen Protokollen – wird von der Hauptverwaltung (also BVG-West) zentral, aber im Einvernehmen mit der BVG-Ost bearbeitet.

Da die Hauptwerkstatt Straßenbahn (HwS) sich in West-Berlin, die HwO (Omnibus) sich in Ost-Berlin befand, war vorgesehen, Überholungen und Großreparaturen an Fahrzeugen in den jeweiligen Hauptwerkstätten durchführen zu lassen, allerdings mit finanziellem Ausgleich. Aufgrund der unterschiedlichen Währungen sollte dieser Ausgleich möglichst in Arbeitsleistungen und Materiallieferungen bestehen.

Ironie der langen Verhandlungen: Nach den ausgehandelten Protokollen wurde zunächst verfahren. Sie traten am 1. August 1949 in Kraft, wurden aber nie unterschrieben, da man auf westlicher Seite befürchtete, mit dieser ersten Vereinbarung zwischen Ost und West einen politischen Präzedenzfall einer Anerkennung zu schaffen.

Ganz automatisch lebten sich beide BVG-Direktionen bald auseinander. Die BVG-Ost vergrößerte sich schnell, dem Direktor Knapp wurden zwei weitere Direktoren, Scholz und Kitschun, zugeordnet.

Die vereinbarten regelmäßigen Besprechungen wurden bis in das Jahr 1950 hinein fortgeführt, und es gab weiterhin noch Straßenbahnlinien, die den sowjetischen Sektor mit den Westsektoren verbanden (Übergangslinien).

Bei der Übergangslinien handelte es sich um die folgenden 10 Linien (Stand August 1949):

			Schaffnerwechsel
(0)	1	Stadtring	Anhalter Bf. bzw. Moritzplatz
	3	Seestraße, Friedhöfe–Treptow, Elsenstraße	Bösebrücke
(W)	6	Bf. Zoo, Kurfürstendamm–Treptow, Elsenstraße	Heidelberger Straße
	23	Augustenburger Platz–Rosenthal	S-Bf. Wollankstraße
	24	Bf. Gesundbrunnen–Buchholz	S-Bf. Wollankstraße
(W)	35	Moabit, Zwinglistraße–Wilhelmsruh, Hauptstraße	S-Bf. Wilhelmsruh
(W)	36	Bf. Gesundbrunnen–Wilhelmsruh, Hauptstraße	S-Bf. Wilhelmsruh
	73	Bf. Lichterfelde Ost–Weißensee, Rennbahnstraße	Potsdamer Platz
	74	Lichterfelde, Finckensteinalle–Weißensee, Rennbahnstraße	Potsdamer Platz
	95	Kreuzbergstraße–Köpenick, Krankenhaus	Schwarzer Weg

Außerdem überquerte eine Linie die Zonengrenze:

(W)	96	Bf. Tempelhof–Machnower Schleuse	Lichterfelde, Lindenstraße

Daneben gab es Linien, die nur kurz die Sektoren- bzw. Zonengrenze überquerten und für die kein Schaffnerwechsel erforderlich war. Dies waren:

(O)	4	Strelitzer Straße	– Schlesisches Tor
(W)	21	Moabit, Wiebestraße	– Hallesches Tor
(W)	47	Rudow	– Schönefeld, Mittelstraße
(O)	87	Dönhoffplatz	– Rahnsdorf
(W)	88	Steglitz, Stadtpark	– Anhalter Bahnhof
(O)	92	Schlesisches Tor	– S-Bf. Oberspree
(W)	93	Dönhoffplatz	– Wiener Brücke

(W) = Westlinie, (O) = Ostlinie

Personalbestand bei der BVG-Ost im August 1949

Gehaltsempfänger	623
Lohnempfänger	5184
gesamt	5807

Zu der 1949 vorgesehenen Weiternutzung der HwS kam es nicht. Die BVG-Ost vergab Reparaturaufträge zunächst an Privatfirmen im Ostsektor und in der Ostzone. Vorübergehend wurden Haupt-Untersuchungen in einer ehemaligen Maschinenhalle der AEG beim Kraftwerk Klingenberg an der Köpenicker Chaussee und danach auch im Transformatorenwerk Oberschöneweide (TRO) durchgeführt.

Der Tarif bei der Verwaltungsteilung am 1. August 1949 betrug einheitlich in ganz Berlin für

Einzelfahrt ohne Umsteigen, Hund, Gepäck	DM –,20*)
Sammelkarten für 5 Einzelfahrten	DM 1,–
Sammelkarten für 5 Fahrten Schwerbeschädigte	DM –,50
Umsteiger für Erwachsene	DM –,30
Umsteiger für Schüler (6-14 Jahre)	DM –,15

*) Beide Währungen hießen damals noch Deutsche Mark (DM)

[1]) Den Autoren ist bekannt, daß sich in den einzelnen Veröffentlichungen hierüber die Angaben teilweise widersprechen. Wir haben uns für die wahrscheinlichste entschieden, nämlich eine Aufstellung in der Zeitschrift »Der Modelleisenbahner«, Heft 10/1987, in der BVB-amtlichen Angaben als Grundlage verwendet worden sind. Als Gegenüberstellung hier noch drei weitere Quellen:

1.) K. J. Fischer, Berliner Verkehrsblätter, Heft 4/77, Seite 66 und Heft 12/77, Seite 262: 451 Tw, 367 Bw. Hier sind auch sämtliche Wagennummern aufgeführt.
2.) W. Schneider, Der Städtische Berliner Öffentliche Nahverkehr, Band 11, Seite 39: 457 Tw, 421 Bw.
3.) Straßenbahn Archiv 5, transpress 1987, Seite 274: 457 Tw, 422 Bw.

BVG-Straßenbahnlinien außerhalb Berlins (Linien 47 und 96)

Bis Mitte Oktober 1950 gab es neben zwei Autobuslinien (A5 und A6) auch zwei Straßenbahnlinien (47 und 96), die aus einem der Westsektoren in die Ostzone hinausführten. Personal und Fahrzeuge stellte die BVG-West; von der Stadtgrenze an wurde das Fahrgeld in der jeweiligen Währung erhoben (teilweise Schaffnerwechsel, teilweise Geldhinterlegung). Als es dann in einigen Fällen zu Streitigkeiten und sogar zu zeitweiligen Verhaftungen von BVG(West)-Personal durch die Volkspolizei (Flugblätterfund im Wageninnern) kam, zog die BVG am 14. Oktober 1950 ihre Linien bis zur Stadt(=Zonen)-Grenze zurück.

Linie 47 Rudow, Spinne – Rudow, Stadtgrenze
Linie 96 Bf. Tempelhof – Lichterfelde, Lindenstraße

Etwa zwei Monate später, am 18. Dezember 1950, nahm das KWU* Verkehrsbetriebe Potsdam mit geliehenen Fahrzeugen aus Strausberg (Tw 1 + Bw 19) und Woltersdorf (Tw 3 + Bw 23) den Verkehr auf der 6,9 km langen Strecke zwischen Teltow, Paul-Gerhardt-Straße (Stadtgrenze) und Machnower Schleuse auf und ersetzte damit den unzulänglichen Schienenersatzverkehr mit Omnibussen. Nach Verhandlungen mit der BVG-West konnten BVG-Fahrzeuge durch die Westsektoren nach Stahnsdorf überführt werden, und am 22. Dezember 1950 übernahm die BVG-Ost den Betrieb auf der Straßenbahnlinie 96 (Ost). Die Wagen wurden im Betriebshof Stahnsdorf (Bf 27 b) untergestellt, das Personal kam vom Betriebshof Treptow und fuhr meistens mit der S-Bahn bis zum Bahnhof Lichterfelde-Süd. Der Fahrstrom wurde weiterhin aus West-Berlin geliefert.

Dieser Zustand bestand bis zum 1. November 1961, als diese Straßenbahnstrecke auf Omnibusbetrieb des VEB Kraftverkehr Potsdam-Babelsberg umgestellt wurde.

In der Zeit von 1950 bis 1961 waren neben den Strausberger und Woltersdorfer Zügen, die bereits 1951 zurückgegeben wurden, zunächst Triebwagen der Typen T 24 und HAWA-Wagen, später dann TM31U-Wagen neben älteren Beiwagen (B21, B07/27, B10/27) im Einsatz. Im einzelnen waren in diesem Inselbetrieb folgende Fahrzeuge eingesetzt:

Tw 3601, 3604, 3616, 3632, 3654, 4120,
    4121, 4122, 4123, 4124, 4125, 5581,
    5595, 5599, 5645, 5654, 5809, A 177
Bw 925, 1010, 1030, 1286, 1292, 1351,
    1411, 1420, 1477, 1485, 1499.

---

*) Kommunales Wirtschaftsunternehmen

3

»Straßenbahn-
Spaltung«

Das Jahr 1953 sollte zu einem Schicksalsjahr für die BVG werden. Im Januar wurde der noch bestehende durchgehende innerstädtische Straßenbahnverkehr unterbrochen; es kam zur sogenannten »Straßenbahn-Spaltung«.

Bei der Verwaltungstrennung im Sommer 1949 war vereinbart worden, auf den Durchgangslinien die bestehenden Vorschriften des jeweiligen anderen Unternehmens zu beachten. So durfte nach den gesetzlichen Vorschriften in West-Berlin kein weibliches Fahrpersonal eingesetzt werden. Dieses war damals durch die Aufsichtsbehörde verboten worden.

Die BVG-Ost bildete aufgrund von Personalmangel bereits seit 1950 Straßenbahn-Fahrerinnen aus und setzte sie auf Strecken innerhalb des Ostsektors auch ein. Im Mai 1951 und im Juni 1952 gab es vereinzelte Versuche, auch auf den Durchmesserlinien Fahrerinnen einzusetzen. Nach Protesten seitens der BVG-West wurde dieser Einsatz als Versehen entschuldigt.

Am 14. Januar 1953 kamen wiederum vier Züge der Ost-BVG auf den Linien 74 und 95 mit Fahrerinnen besetzt in West-Berlin an. Die an der Sektorengrenze stationierten Verkehrsmeister der BVG-West schickten diese Züge in den Ostsektor zurück. Am folgenden Tag, dem 15. Januar, wurde in den Morgenstunden ein Großeinsatz von Fahrerinnen auf der intersektoralen Linie 74 organisiert. Eine Weiterfahrt nach West-Berlin wurde untersagt, die Linie im Laufe des Tages am Potsdamer Platz damit unterbrochen. Am Nachmittag kam es auch auf den Linien 1 und 95 zum Einsatz von Fahrerinnen, woraufhin auch diese Lini-

en unterbrochen bzw. bis zur Sektorengrenze zurückgezogen wurden.

Am Abend desselben Tages ließ daraufhin die (östliche) Volkspolizei an den beiden anderen Grenzübergängen (am Bf. Wilhelmsruh und am Bf. Wollankstraße) keine Züge aus Ost-Berlin mehr heraus.

Einige Stunden vorher hatte die BVG-Ost bereits die Linie 3 von der Grüntaler Straße bis zur Björnsonstraße zurückgezogen und die Linie 87 aus der Schlesischen Straße herausgenommen. Daraufhin wurden noch in den Abendstunden des 15. Januar auch die Westlinien 21, 76 und 88 aus Ost-Berlin zurückgezogen. Damit war die Spaltung des Straßenbahnnetzes an der Sektorengrenze vollzogen.

Bei der Überprüfung des Wagenbestandes zeigte sich, daß von der BVG-West 8 Triebwagen und 4 Beiwagen im Ostsektor verblieben waren und 4 Triebwagen und 7 Beiwagen der BVG-Ost in West-Berlin. Diese Wagen wurden am 23. Januar 1953 der jeweils anderen Seite über die Sektorenübergänge Sonnenallee und Wilhelmsruh zurückgegeben, wobei die Rückgabe an die Ost-BVG zu einer Politischen Demonstration benutzt wurde: die Wagen wurden mit Musik und Blumen begrüßt.

Über Nacht mußten die Fahrpläne umgestellt werden. Die BVG-Ost veranlaßte folgende Maßnahmen:

1.) Linie 1 verkehrte nur noch zwischen Kupfergraben und Alexanderplatz (Elisabethstraße).

2.) Linie 3 verkehrte von Warschauer Straße Ecke Mühlenstraße bis Björnsonstraße.

3.) Linien 23 und 24 wurden zu einer Linie 24 (Rosenthal–Buchholz) vereinigt.

4.) Linie 74 verkehrte nur noch bis Leipziger Platz.

5.) Linie 87 wurde über Ehrlichstraße, Köpenicker Chaussee, Holzmarktstraße und Stralauer Straße umgeleitet (dafür Einstellung der Linie 82).

6.) Linie 92 verkehrte nur zwischen Treptow, Am Flutgraben und Bf. Oberspree.

7.) Linie 95 wurde über Köpenicker Landstraße und Am Treptower Park bis zur Wiener Brücke geführt. Nach Einbau einer Gleisverbindung in der Baumschulenstraße Ecke Sonnenallee wurde am 2. Februar 1953 eine

Pendellinie 95 zwischen Bf. Baumschulenweg und Baumschulenstraße Ecke Sonnenallee eingerichtet.

8.) Linie 4E (Wiener Brücke–Schillingbrücke) wurde eingestellt.

Die BVG-West fuhr ab 16. Januar 1953 wie folgt:

1.) Der Straßenbahnverkehr in Wilhelmsruh wurde eingestellt. Die Linien 35 und 36 verkehrten bis Reinickendorf, Teichstraße. Zwischen Residenzstraße Ecke Kopenhagener Straße und Bf. Wilhelmsruh wurde ein Omnibus-Pendelverkehr eingerichtet.

2.) Linie 23 verkehrte zwischen Wiebestraße und Pankstraße. Bis zum Bf. Wollankstraße wurde Omnibus-Pendelverkehr eingerichtet.

3.) Linie 24 wurde eingestellt.

4.) Linie 74 endete am Potsdamer Platz.

5.) Linie 95 verkehrte zwischen Schulenburgpark und Tempelhof, Attilaplatz.

6.) Linie 21 wurde aufgeteilt: Moabit, Wiebestraße–Werftstraße und Hallesches Tor–Friesenstraße.

7.) Linie 88 wurde aufgeteilt: Steglitz, Stadtpark –Kurfürstenstraße und Anhalter Bahnhof–Wiener Brücke, zwischen Kurfürstenstraße und Anhalter Bahnhof wurde ein Omnibus-Pendelbetrieb eingerichtet.

8.) Linie 76 wurde zur Kurfürstenstraße umgeleitet.

Da sich schnell herausstellte, daß diese Trennung endgültig war, mußten diese Linien möglichst rasch wieder direkt bis zur Grenze geführt werden, da damals noch ein freier Personenverkehr über die Sektorengrenzen bestand.

1.) Für die Linie 36 wurde in der Kopenhagener Straße am Bf. Wilhelmsruh ein Gleiswechsel eingebaut; Inbetriebnahme am 26. Januar 1953.

2.) Nach Einrichtung eines Gleiswechsels am Bf. Wollankstraße verkehrten die Linien 23 und 24 wieder bis dorthin (ab 26. Januar 1953).

Erklärung der BVG-Direktion des demokratischen Sektors

Nachdem die West-BVG auf Anweisung des Reuter-Senats gestern morgen den intersektoralen Straßenbahnverkehr auf der Linie 74 g spalten hatte, wie wir bereits gestern berichteten, kam es gestern nachmittag auf der Linie 1 zu Zwischenfällen.

Die Beauftragten der West-BVG weigerten sich, auch hier die von Frauen gefahrenen Straßenbahnwagen nach Westberlin zu lassen. Auf der Linie 95, die zwischen Köpenick und Tempelhof verkehrte, wurde der Durchgangsverkehr um 19.30 Uhr von der West-BVG völlig unterbrochen.

Die BVG-Direktion teilt dazu mit:

Im Laufe des 15. Januar wurden durch Maßnahmen der West-BVG die vom demokratischen Sektor nach dem Westsektor und umgekehrt führenden Straßenbahnlinien unterbrochen. Damit hat die West-BVG im Auftrage Reuters nunmehr das seit langem vorbereitete Werk der Spaltung des Straßenbahnverkehrs unserer Hauptstadt durchgeführt.

Die Direktion der BVG im demokratischen Sektor sieht sich daher gezwungen, im Interesse einer reibungslosen Beförderung der werktätigen Bevölkerung mit Wirkung vom 16. Januar 1953 folgende Veränderungen im Straßenbahnverkehr vorzunehmen:

Straßenbahnlinie 1 verkehrt nur zwischen Elisabethstraße und Kupfergraben. Die Strecke Hallesches Tor bis Stalinallee entfällt. Straßenbahnlinie 3 verkehrt nur zwischen Björnsonstraße und Mühlenstraße. Straßenbahnlinie 23 und 24 wird zu einer Linie 23 vereinigt und verkehrt zwischen Rosenthal und Buchholz über Pankow. Straßenbahnlinie 74 verkehrt zwischen Weißensee und Leipziger Platz. Straßenbahnlinie 87 wird über Oberschöneweide, Edisonstraße–Treskowallee–Ehrlicḥstraße–Köpenicker Chaussee–Holzmarktstraße, Stralauer Straße –Molkenmarkt bis zum Dönhoffplatz umgeleitet. Straßenbahnlinie 92 verkehrt nur zwischen Treptow Flutgraben und Oberspree. Straßenbahnlinie 95 verkehrt zwischen Köpenick Krankenhaus über Köpenicker Landstraße–Am Treptower Park–Elsenstraße bis zur Wiener Brücke. Straßenbahnlinie 4 E, die bisher von Wiener Brücke bis Schillingbrücke verkehrte, wird eingestellt. Straßenbahnlinie 82 entfällt ebenfalls und wird durch die Neuführung der Straßenbahnlinie 87 ersetzt.

Berliner Zeitung
16. Januar 1953

3.) Am Schöneberger Ufer wurden Gleiswechsel eingebaut. Über den Landwehrkanal führte damals nur eine Fußgängerbrücke. Die Linie 88 fuhr ab 26. Januar 1953 wieder von beiden Endpunkten (Steglitz, Stadtpark und Wiener Brücke) bis dorthin; die Linie 76 wurde ebenfalls zum Schöneberger Ufer geführt.

4.) Linie 21 hatte durch die Aufspaltung ihren Sinn verloren und wurde durch die Omnibuslinie A 24 ersetzt (am 22. Januar 1953).

5.) Nach Einbau einer Gleisverbindung in der Sonnenallee Ecke Schwarzer Weg wurde die Linie 95 ab 2. Februar 1953 bis zur Sektorengrenze verlängert.

Trotz aller Schwierigkeiten blieb tariflich noch eine Einheit bestehen. Drei Linien waren danach an der Sektorengrenze unterbrochen. Nach kurzem Fußmarsch konnte mit demselben Fahrschein weitergefahren werden. Die Übergänge waren

am	Potsdamer Platz	(Linie 74)
an der	Sonnenallee	(Linie 95)
an der	Bösebrücke	(Linie 3).

Linie 95 ohne Anschluß
Die neue Linienführung der getrennten Straßenbahnstrecke

Am Potsdamer Platz und an den anderen Sektorenübergängen, die bisher von den durchgehenden Straßenbahnlinien benutzt wurden, ist es jetzt noch stiller geworden. Der Verkehr, der ohnehin schon nicht mehr allzu lebhaft war, ist dort fast völlig zum Erliegen gekommen. Nur wenige Berliner passierten gestern noch die Sektorengrenze zu Fuß, um auf der „anderen Seite" weiterzufahren. Mancher will wohl auch zunächst erst einmal abwarten, wie sich die Dinge entwickeln. Der U-Bahn- und S-Bahn-Verkehr verlief auch gestern reibungslos.

Einzelne Ostberliner Schaffner waren gestern überraschend dazu übergegangen, die West-Fahrscheine bei Fortsetzung der Fahrt im Osten nicht mehr anzuerkennen. Auf Rückfrage teilte die Ost-BVG jedoch mit, daß eine derartige Anweisung nicht ergangen sei und es sich hierbei nur um „einzelne Übergriffe" handeln könne. Es wurde zugesichert, daß die Fahrscheine wie bisher gültig bleiben sollen.

Durch die von östlicher Seite provozierte Trennung des intersektoralen Straßenbahnnetzes sind in Ostberlin acht Triebwagen und vier Anhänger der West-BVG und in Westberlin vier Triebwagen und acht Anhänger der Ost-BVG zurückgeblieben. Über einen Austausch dieses Wagenparks sind bisher noch keine Verhandlungen zwischen den beiden Gesellschaften aufgenommen worden. Das Personal der im Osten verbliebenen Westzüge ist vollzählig zurückgekehrt.

Zeitkarten, die auf den bisherigen Linien nicht mehr benutzt werden können, werden bei der BVG in der Potsdamer Straße entweder vom Tage der Vorlage an anteilig vergütet oder auf Wunsch auf andere Linien umgeschrieben.

Da damit gerechnet werden muß, daß die östliche Sperre vorerst aufrechterhalten bleibt, hat die West-BVG auf den betroffenen Linien zunächst folgende Änderungen vorgenommen:

Die Straßenbahnlinien 35 und 36 enden in der Teichstraße in Reinickendorf Ost.

Die Linie 23 verkehrt zwischen Wiebe- und Pankstraße. Zwischen Bad- und Wollankstraße ist ein Pendelverkehr eingerichtet worden.

Die Linie 24 wurde eingestellt.

Die Linie 74 endet am Potsdamer Platz (Linkstraße).

Die Linie 95 wurde bis zum Schulenburgpark verkürzt. Eventuell soll die Linie später wieder bis zur Sektorengrenze verlängert werden. Ein Übersteigen in den östlichen Teil der Linie in Richtung Köpenick, Krankenhaus, ist nicht mehr möglich, da die dortige Streckenführung geändert wurde und die Bahnen jetzt zur Wiener Brücke fahren.

Die Linie 21 fährt zwischen Moabit, Wiebestraße und Werftstraße. Zwischen Hallesches Tor und Friesenstraße ist ein Pendelverkehr eingerichtet worden.

Die Linie 88 wurde aufgeteilt. Sie wird von Steglitz, Stadtpark bis Kurfürstenstraße und vom Anhalter Bahnhof bis zur Wiener Brücke befahren. Auf dem Mittelteil der Strecke zwischen Kurfürstenstraße und Anhalter Bahnhof ist ein Omnibusbetrieb eingerichtet worden.

Die Linie 76 fährt über Nollendorfplatz—Bülowstraße bis zur Kurfürstenstraße.

**Berliner Morgenpost
17. Januar 1953**

4

Die Strecken

Wiederinbetriebnahme, Neubau, Stillegung, Kehrschleifen

Nach dem Ende des Zweiten Weltkrieges wurde das Berliner Straßenbahnnetz mit erstaunlicher Schnelligkeit wieder aufgebaut – eine Leistung der BVGer, die nicht vergessen werden sollte. Bis 1948 war im großen und ganzen das Netz wieder vollständig hergestellt. Zwei Strecken mußten auf Anordnung der Sowjetischen Militärbehörden sogar wieder stillgelegt werden, so am 16. Dezember 1948 der Streckenabschnitt in der Schloßstraße in Pankow, und am 9. August 1948 wurde die Sandkrugbrücke gesperrt. Deshalb mußten die Linie 44 vom Hackeschen Markt bis zur Sandkrugbrücke zurückgenommen und dadurch der Straßenbahnverkehr in der Invalidenstraße zwischen Chausseestraße und Sandkrugbrücke stillgelegt werden.

Nach dem Krieg nicht wieder in Betrieb genommen wurden die folgenden im Bereich der späteren BVG-Ost/BVB gelegenen Strecken:

Swinemünder Straße,
Ackerstraße,
Gartenstraße,
Burgstraße/Bodestraße,
westliche Karlstraße/Friedrich-Karl-Ufer,
Adalbertstraße,
Markusstraße,
Königsberger Straße/Brauner (Grüner) Weg/ Blumenstraße,
Schivelbeiner Straße,
Nordkapstraße,
Schönhauser Allee (zwischen Kastanienallee und Schönhauser Tor),
Am Friedrichshain,
Kniprodestraße (zwischen Am Friedrichshain und Elbinger Straße),
Frankfurter Allee (zwischen Strausberger Platz und Siegfriedstraße),
Normannenstraße,
Alt-Treptow/Treptower Chaussee,
Gustav-Adolf-Straße (zwischen Langhansstraße und Pistoriusstraße),
Pistoriusstraße/Schönstraße.

Nur als Betriebsstrecken wurden die folgenden wiederhergestellten Abschnitte benutzt; ein regelmäßiger Linienverkehr fand hier nicht statt.

Brunnenstraße (zwischen Sektorengrenze und Veteranenstraße),
östliche Karlstraße/Luisenstraße,
Spandauer Straße (zwischen Königstraße und Kaiser-Wilhelm-Straße),
Kaiser-Wilhelm-Straße/Rosenstraße,
An der Spandauer Brücke,
Kurt-Fischer-Straße (zwischen Kurt-Fischer-Platz und Straße vor Schönholz),
Straße vor Schönholz.

Bei der Spaltung der BVG im August 1949 hatten die Gleisanlagen im sowjetischen Sektor folgende Längen:

Bestand	461,2 km
in Betrieb	341,1 km
davon	
für Personenverkehr	299,7 km
Zufahrtsgleise	8,1 km
Werkstattgleise	25,2 km
Gütergleise	8,1 km

Die Stillegungen bei der BVG-Ost begannen im Oktober 1950. Als erstes betraf es die Strecke von Berlin-Rudow (Grenze) bis Schönefeld. Zunächst waren es politische Gründe, die zur Stillegung führten. Im großen Stil wurden die Stillegungen dann 1951/52 fortgesetzt. Nach westlichem Vorbild sollte die Straßenbahn aus der Innenstadt verschwinden; der beginnende Wiederaufbau - besonders im Bereich Stalinallee - forderte seine Opfer. Mit dem Ende des durchgehenden Straßenbahnverkehrs in Berlin am 15. Januar 1953 wurden weitere Strecken stillgelegt. Eine nächste Phase der Stillegung begann als Folge des Baues der Mauer im August 1961. Die Umgestaltung des Alexanderplatzes 1966/67 führte zu weiteren Stillegungen.

In den Morgenstunden des 2. Januar 1967 fuhr als letzte Straßenbahn ein Nachtwagen der Linie 69 über den Alexanderplatz.

Der Neuaufbau im Bereich Leipziger Straße im Jahr 1970 und die Stillegung der Straßenbahn im Bezirk Treptow 1973 verkleinerten das Straßenbahnnetz weiter. Der Schlußpunkt war im Jahre 1975 mit der Herausnahme der Straßenbahn aus der Straße der Befreiung erreicht. Die weltweite Ölkrise und fehlende Baukapazitäten für S- und U-Bahn-Bau machten allerdings ein Umdenken notwendig.

Zunächst als Erleichterung für das immer knapper werdende Personal sowie zur Beschleunigung des Rangiervorganges an den Endstellen, später als Folge der Lieferung von Einrichtungsfahrzeugen, begann die BVG-Ost im Jahre 1951 die Kuppelendstellen zu Kehrschleifen umzubauen. Die letzte Kuppelendstelle verschwand am 2. Juli 1980 (Altglienicke).

Im Jahr 1951 wurde auch die erste Neubaustrecke im Osten Berlins fertiggestellt. Zur Umgehung des amerikanischen Sektors (West-Berlin) in der Köpenicker Straße wurde die Umfahrungsstrecke Ehrlichstraße/Blockdammweg und Hauptstraße/Markgrafendamm gebaut und am 2. August 1951 durch die neugeschaffene Linie E (Breite Straße–Oberschöneweide, Parkstraße) in Betrieb genommen.

Aufgrund eines Beschlusses des VIII. Parteitages der SED im Jahre 1971 entstanden in der Folgezeit die Neubaugebiete Marzahn, Hellersdorf und Hohenschönhausen. Möglichst nur Schienenverkehrsmittel sollten diese Bereiche erschließen. Neben Erweiterungen des S- und U-Bahn-Netzes entstand im Nordosten Berlins ein neues Straßenbahnnetz von rund 26 Kilometer Länge. Die Neubaustrecken – im Standard von Stadtbahnstrecken – wurden etappenweise in Betrieb genommen. Es begann im April 1979 mit der Allee der Kosmonauten (zwischen Rhinstraße und Elisabethstraße) und endete im Mai 1991 mit dem Abschnitt Betriebshof Marzahn - Hellersdorf, Rieseaer Straße.

In der Ära BVG-Ost/BVB wurden auch einige eingleisige Strecken zweigleisig ausgebaut. Es waren dies:

	Inbetriebnahme
Grünauer Straße (Köpenick)	24.12.1975
Kurt-Fischer-Straße	1955
Pasewalker Straße	16.03.1981
Edisonstraße zwischen Wilhelminenhofstraße und Siemensstraße	13.06.1983
Buschallee/Suermondtstraße	21.07.1984
Fürstenwalder Damm (zwischen Bf. Friedrichshagen und Waldweiche)	23.06.1985

Wiederinbetriebnahme von Strecken (ab 1949)

	Datum	Linien
Königstraße (ab Spandauer Straße) Schloßplatz, Französische Straße	22.12.1949	72
Rosenfelder Straße, Irenenstraße, Wilhelmstraße, Lückstraße, Nöldnerstraße, Stadthausstraße, Türrschmidtstraße	01.05.1950	14
Weinbergsweg, Rosenthaler Straße (ab Memhardstraße) Hackescher Markt (Schleife)	22.05.1950	49
Lindentunnel, Oberwallstraße, Jerusalemer Straße	26.05.1950	46
Pappelallee, Humannplatz, Krügerstraße	12.06.1950	70
Buschallee	12.06.1950	70
Altglienicke (Am Falkenberg, Grünauer Straße, Köpenicker Straße)	14.10.1950	84
Chausseestraße (zwischen Invalidenstraße und Walter-Ulbricht-Stadion)	02.08.1951	69
Oranienburger Straße	02.08.1951	69
Edisonstraße, Brückenstraße (Treskowbrücke)	02.08.1951	69

Müggelseedamm (ab Bölschestraße), Werlseestraße	02.08.1951	84
Niederschönhausen, Schillerstraße	08.10.1951	46
Idastraße, Wackenbergstraße, Buchholzer Straße, Blankenburger Straße	08.10.1951	46E
Plesser Straße, Graetzstraße	02.01.1952	4
Neue Schönhauser Straße	10.03.1952	63
Jannowitzbrücke, Brückenstraße	01.10.1955	11, 64
Roßstraße, Neue Roßstraße	08.12.1957	72
Wilhelm-Pieck-Straße (zwischen Prenzlauer Straße und Alte Schönhauser Straße), Alte Schönhauser Straße	19.12.1966	71, 72
Wilhelm-Pieck-Straße (zwischen Alte Schönhauser Straße und Brunnenstraße)	12.06.1967	82
Fanningerstraße, Gudrunstraße	02.11.1975	15

Neubaustrecken (1949-1991)

	Eröffnung	Linien
Ehrlichstraße, Blockdammweg	02.08.1951	E
(östl.) Buschallee, Suermondtstraße (eingleisig)	02.08.1951	70
Markgrafendamm, Bf. Ostkreuz, Hauptstraße (bis Karlshorster Straße)	02.08.1951	E
Groß-Berliner Damm (eingleisig)	15.02.1953	91E
Falkenberger Straße (Gartenstadt Hohenschönhausen)	13.06.1953	63
Friedenstraße, Friedrichsberger Straße, Lebuser Straße	17.05.1954	1
S-Bahnhof Adlershof (Westseite)	28.01.1962	84
Langhansstraße (zwischen Gustav-Adolf-Straße und Prenzlauer Promenade)	14.12.1965	3, 70, 72
Stralauer Platz	18.05.1966	82
Holzmarktstraße (zwischen Krautstraße und Andreasstraße)	01.08.1966	82
Stahlheimer Straße (zwischen Wichertstraße und Wisbyer Straße)	16.09.1966	70
(östl.) Mollstraße (ab Hans-Beimler-Straße)	12.12.1966	74
(westl.) Mollstraße (ab Hans-Beimler-Straße)	02.01.1967	63, 82
Bleicheroder Straße, Stiftweg	14.11.1971	49
Herzbergstraße (ab Siegfriedstraße), Allee der Kosmonauten (bis Rhinstraße), Rhinstraße (zwischen Allee der Kosmonauten und Straße der Befreiung)	02.11.1975	17, 19
Allee der Kosmonauten (ab Rhinstraße bis Schleife Elisabethstraße)	06.04.1979	18
Altenhofer Straße, Leninallee, S-Bf. Marzahn	17.03.1980	11, 12
Marzahner Promenade, Bruno-Leuschner-Straße, Allee der Kosmonauten (bis Schleife Elisabethstraße)	06.10.1982	11, 18
Trasse zwischen Lea-Grundig-Straße (westl.) und Max-Herrmann-Straße (östl.), Trusetaler Straße (östl.), Schleife Henneckestraße	06.10.1982	12, 14, 18
Wartenberger Straße, Rüdickenstraße, Zingster Straße	21.12.1984	63, 70
(nördl.) Rhinstraße (zwischen Hauptstraße und Allee der Kosmonauten)	01.04.1985	10

(östl.) Leninallee (ab Allee der Kosmonauten bis Betriebshof Marzahn)	01.04.1985	6, 10
Schleife Henneckestraße bis Schleife Ahrensfelde	06.10.1986	12, 14, 18
Kniprodeallee, Falkenberger Chaussee (bis Prerower Platz)	10.08.1987	28
Falkenberger Chaussee (ab Prerower Platz bis Schleife Falkenberg)	20.08.1988	15, 58, 80
Zossener Straße, Stendaler Straße, Riesaer Straße (Hellersdorf)	01.05.1991	6, 10

Streckenstillegungen (1949-1991)

	Tag	Linien
Rudow, Stadtgrenze bis Schönefeld, Mittelstraße	14.10.1950	47
Königstraße (zwischen Alexanderplatz und Spandauer Straße), Spandauer Straße (zwischen Königstraße und Molkenmarkt)	19.03.1951	64, 65, 69, 71, 72, 73, 74
Königstraße (zwischen Spandauer Straße und Schloßplatz), Schloßplatz, Werderstraße, Französische Straße (bis Ecke Charlottenstraße, außer zwischen Oberwallstraße und Zufahrt Lindentunnel)	19.03.1951	72
Lindentunnel, Französische Straße (zwischen Zufahrt Lindentunnel und Oberwallstraße), Oberwallstraße, Jerusalemer Straße	03.09.1951	46
Elsenstraße (zwischen Plesser Straße und Heidelberger Straße)	02.01.1952	6
Stalinallee (zwischen Andreasstraße und Jacobystraße)	03.03.1952	1
Charlottenstraße (zwischen Unter den Linden und Clara-Zetkin-Straße)	16.06.1952	1
Ebertstraße (zwischen Potsdamer Platz und Brandenburger Tor)	16.01.1953	21
Breite Straße (Mitte)	16.01.1953	82
Wollankstraße (zwischen Sektorengrenze und Breite Straße)	16.01.1953	23, 24
Bornholmer Straße (zwischen Sektorengrenze und Björnsonstraße)	16.01.1953	2
Rosenfelder Straße, Irenenstraße, Weitlingstraße, Lückstraße, Nöldnerstraße, Stadthausstraße, Türrschmidtstraße	27.03.1953	14
Kommandantenstraße, Beuthstraße (Schleife Dönhoffplatz alt)	11.01.1956	64, 82
Bulgarische Straße (Spreeterrassen)	25.06.1957	91
Groß-Berliner Damm	05.06.1959	91E
Alt-Stralau, Tunnelstraße	30.08.1959	82E
Bulgarische Straße	13.11.1959	91
Puschkinallee, Am Treptower Park (zwischen Puschkinallee und Elsenstraße)	01.08.1960	92
Clara-Zetkin-Straße (zwischen Ebertstraße und Planckstraße)	13.08.1961	70
Ebertstraße (zwischen Brandenburger Tor und Reichstagufer)	13.08.1961	70
Oberbaumbrücke	18.08.1961	3
Heinrich-Heine-Straße (zwischen Dresdener Straße und Schmidstraße)	23.08.1961	1
Köpenicker Straße (zwischen Schillingbrücke und Brückenstraße)	19.09.1961	1
Adlergestell (zwischen Dörpfeldstraße und Köpenicker Straße)	28.01.1962	84
Elisabethstraße, Karl-Marx-Allee (zwischen Elisabethstraße und Leninallee)	03.08.1962	22

Hannoversche Straße	07.01.1965	1
Gustav-Adolf-Straße (zwischen Langhansstraße und Prenzlauer Promenade)	14.12.1965	3, 70, 72
Idastraße, Wackenbergstraße, Buchholzer Straße, Blankenburger Straße	01.04.1966	46E
Heinrich-Heine-Straße (zwischen Schmidstraße und Köpenicker Straße)	25.08.1966	11
Fruchtstraße (zwischen Mühlenstraße und Am Ostbahnhof)	18.05.1966	82
Breslauer Straße (zwischen Andreasstraße und Krautstraße)	04.07.1966	82
Heinrich-Heine-Straße (zwischen Schmidstraße und Köpenicker Straße)	25.08.1966	11
Krügerstraße, Wichertstraße (zwischen Stahlheimer Straße und Gudvanger Straße), Gudvanger Straße (zwischen Wichertstraße und Krügerstraße)	16.09.1966	70
Jacobystraße, Kleine Frankfurter Straße, (alte) Leninallee (zwischen Leninplatz und Alexanderplatz)	10.10.1966	63, 64, 69
Am Ostbahnhof (zwischen Fruchtstraße und Andreasstraße)	10.10.1966	1
Charlottenstraße, Schleife Taubenstraße	20.10.1966	72
Prenzlauer Straße, Hans-Beimler-Straße (zwischen Alexanderplatz und Mollstraße)	19.12.1966	11, 82
Weinmeisterstraße	19.12.1966	11, 82
Schleife Jüdenstraße (II)	19.12.1966	71*, 72*
Münzstraße, Memhardstraße, Alexanderplatz, Alexanderstraße (bis Wallnerstraße)	02.01.1967	11, 63, 69, 82
Stralauer Allee, Markgrafendamm	12.12.1967	82
Wallnerstraße, Raupachstraße (Schleife), Alexanderstraße (zwischen Wallnerstraße und Holzmarktstraße)	19.10.1968	3, 4, 69
Schleife Dönhoffplatz	01.07.1969	4, 64
Karlshorster Straße, Stubenrauchbrücke	13.10.1969	Betriebsstrecke
Stralauer Platz, Mühlenstraße, Warschauer Straße (zwischen Mühlenstraße und Helsingforser Platz)	01.07.1969	4
Leipziger Straße, Spittelmarkt, Wallstraße, Inselstraße, Köpenicker Straße, Brückenstraße, Jannowitzbrücke, Holzmarktstraße, Andreasstraße, Lebuser Straße, Friedrichsberger Straße, Friedenstraße	24.08.1970	64, 74
Baumschulenstraße	01.04.1971	92
Hasselwerderstraße, Schnellerstraße, Bruno-Bürgel-Weg (Oberspree)	01.04.1971	92
Damerowstraße	08.11.1971	49
Schleife Wiener Brücke, Karl-Kunger-Straße, Plesser Straße, Elsenstraße, Am Treptower Park, Köpenicker Landstraße, Schnellerstraße (bis Ecke Brückenstraße), Schleife Bf. Baumschulenweg	14.07.1973	87, 95
Straße der Befreiung	01.11.1975	17, 19, 69
Falkenberger Straße (Gartenstadt Hohenschönhausen)	01.03.1983	63

*) nur zu bestimmten Zeiten

Straßenbahn-Kehrschleifen

	Inbetriebnahme	Linien	Stillegung
Grünau, Wassersportallee	24. 05. 1951	86E	
Wöhlertstraße, Pflugstraße, Schwartzkopffstraße	02. 08. 1951	69	
Weißensee, Pasedagplatz	24. 12. 1956	72, 74	
Jüdenstraße II	01. 11. 1958	71	19. 12. 1966
Buchholz, Kirche	17. 11. 1958	49	
Niederschönhausen, Schillerstraße	14. 01. 1960	46	
Georgenstraße/Am Kupfergraben	17. 06. 1960	70, 46	
Köpenick, Hirtestraße	03. 09. 1960	86	
Lohmühlenstraße, Isingstraße, Krüllstraße (Wiener Brücke)	30. 09. 1960	87, 92	14. 07. 1973
Rosenthal, Quickborner Straße	15. 12. 1960	22	
Leipziger Platz	30. 12. 1960	74	24. 08. 1970
Björnsonstraße	17. 03. 1962	3	
Hohenschönhausen, Degnerstraße	23. 03. 1962	63E	
Wallnerstraße, Raupachstraße	03. 08. 1962	22, 71	19. 10. 1968
Gartenstadt Hohenschönhausen, Arnimstraße	24. 09. 1962	63	01. 03. 1983
Eberswalder Straße	21. 04. 1963	4, 13	
Hohenschönhausen, Falkenberger Straße	15. 06. 1963	64, 70	01. 03. 1983
Blockdammweg	25. 06. 1964	13	
Wendenschloß, Ekhofstraße	18. 08. 1964	83	
Mahlsdorf, Treskowstraße	14. 11. 1964	83	
Revaler Straße	05. 06. 1965	3, 4	
Am Steinberg	06. 09. 1965	71E	
Dönhoffplatz (neu) (Durchbruch Krausenstraße–Spittelmarkt)	11. 03. 1966	64	01. 07. 1969
Weißensee, Kniprodeallee	01. 07. 1966		
S-Bahnhof Ostkreuz	16. 12. 1967	82	
Heinersdorf, Romain-Rolland-Straße	08. 12. 1969	71	
Bahnhof Schöneweide	14. 07. 1973	25, 26	
Braunsberger Straße/Kurische Straße	25. 07. 1973	17, 19	
Müggelstraße/Travestraße	01. 10. 1976		
Friedrichshagen, Wasserwerk	02. 07. 1977	84	
Langenbeckstraße	06. 04. 1979	17, 18	
Altglienicke, Am Falkenberg	02. 07. 1980	84	
Gehrenseestraße	01. 03. 1984	63	
Umbau Schleife Kupfergraben (nördlich Stadtbahn)	13. 06. 1987	22, 46, 70, 71	

Stillegungsdatum: Der 1. Tag, an dem kein Verkehr mehr stattfand

Gleisplan

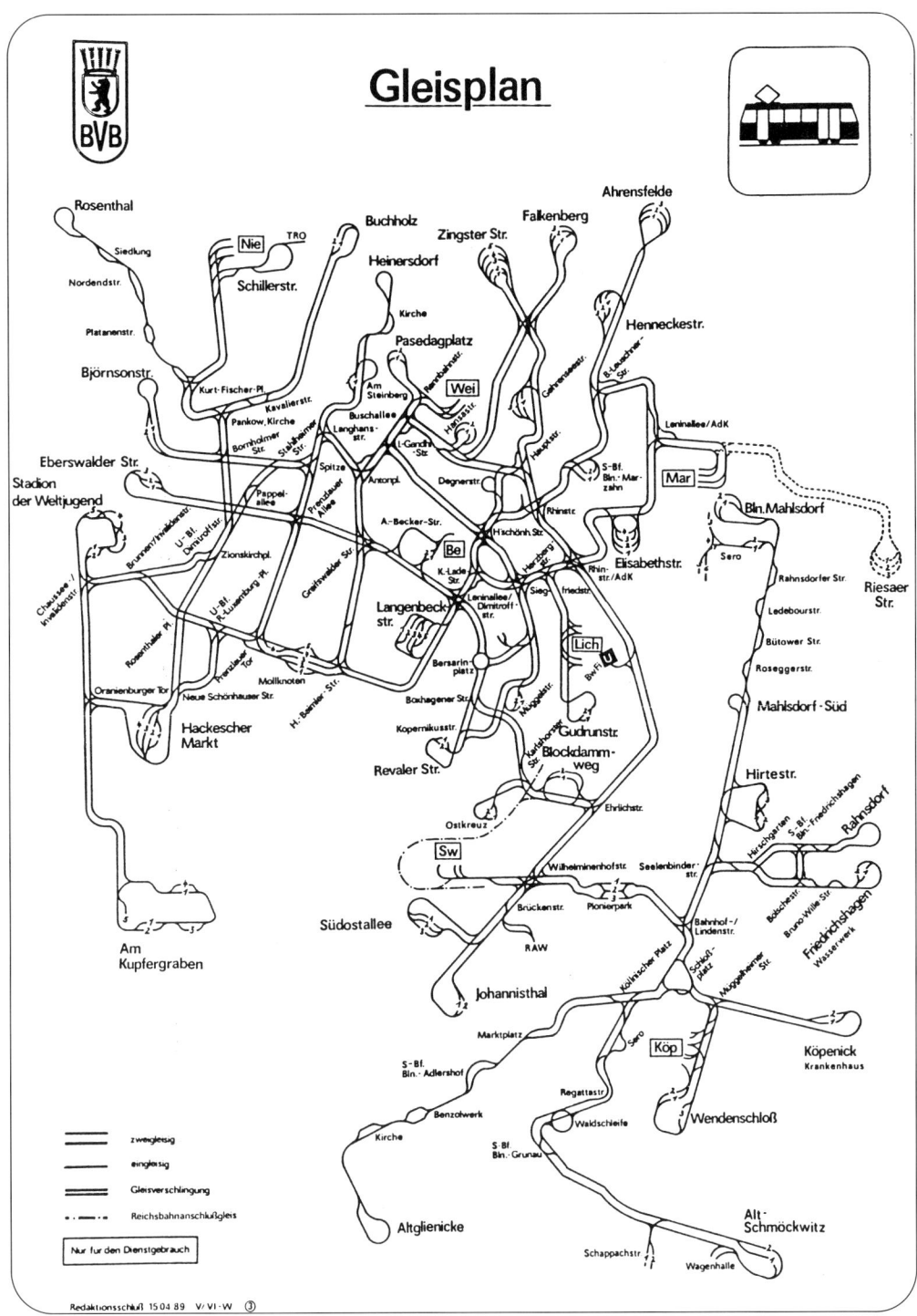

5

Z-, ZZ- und OS-Betrieb

In den späten fünfziger Jahren machte sich der allgemeine Arbeitskräftemangel auch bei der BVG-Ost in immer stärkerem Maße bemerkbar. Durch Personalengpässe konnten in der Hauptverkehrszeit viele Straßenbahnzüge – damals dominierte noch der Zweiachser – nur mit einem Beiwagen fahren, was zu starken Überfüllungen der eingesetzten Züge führte.

Einen Ausweg versuchte man in den »schaffnerlosen« Straßenbahnen zu finden.

Als erste Stufe wurde am 18. März 1957 der »Z-Wagen«eingeführt, d. h. der Triebwagen verkehrte ohne Schaffner und durfte nur von Fahrgästen mit Zeitkarten benutzt werden. Durch die Freistellung des Triebwagenschaffners konnte ein zweiter (Schaffner-)Beiwagen mitgeführt werden. Das Abfahrtsignal für den Zug gab jetzt der Schaffner des ersten Beiwagens vom vorderen Perron. Dadurch konnte er das Aussteigen am hinteren Perron des Triebwagens mitbeobachten. Beim Fahrer machte sich der Abfahrauftrag durch das Aufleuchten einer grünen Signallampe und einen Summton bemerkbar. Zu diesem Zweck mußten etwa 300 Triebwagen umgerüstet werden.

Im Triebwagen durfte nur beim Fahrer eingestiegen werden, der auch die Zeitkarten kontrollieren sollte. Barzahler und Sammelkartenbenutzer durften nur in die Beiwagen einsteigen. Das Problem »Raucher/Nichtraucher«löste man dadurch, daß in den Zeitkartenwagen überhaupt nicht mehr geraucht werden durfte - das erste Mal, daß ein Rauchverbot in öffentlichen Stadtverkehrsmitteln eingeführt wurde - heute eine Selbstverständlichkeit.

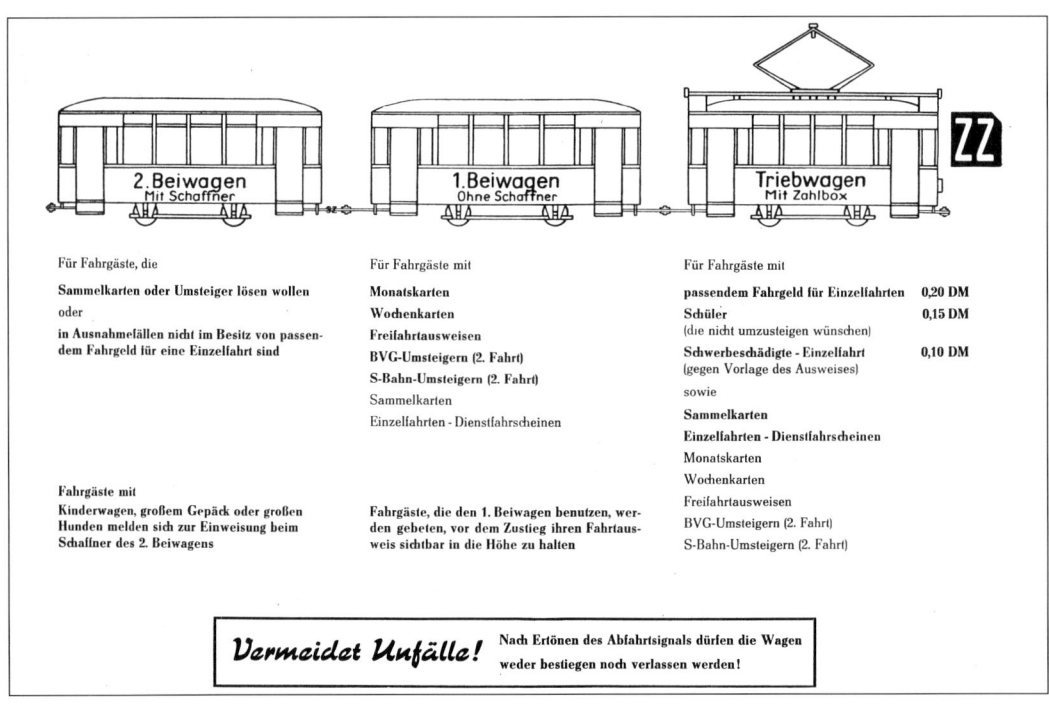

Zunächst verkehrten die »Z-Wagen« nur im Berufsverkehr auf den Linien 63 E, 69 E, 74 E, 86, 87 und 87 E. Diese Maßnahme hatte sich bewährt, schnell folgten weitere Linien. Vom 1. Juli 1957 an wurden die Zeitkartenwagen dann ganztägig eingesetzt, und zum Jahresende 1957 verkehrten die meisten Straßenbahnlinien mit Z-Wagen.

Mit dem ganztägigen Einsatz ab 1. Juli 1957 trat noch eine weitere Änderung in Kraft. Die Sammelkarten (5 Fahrten = 1 Mark, Schwerbeschädigte 5 Fahrten = 50 Pfennig) wurden so umgestaltet, daß jetzt für jede Fahrt ein Streifen abgetrennt werden konnte. Mit diesem Streifen, der in einen Fahrscheinbehälter geworfen wurde, durften auch die Z-Wagen benutzt werden.

Sechs Jahre später, am 22. April 1963, wurde eine neue Betriebsform, der »ZZ-Betrieb«, eingeführt. Jetzt war bei einem Drei-Wagen-Zug nur noch der letzte Wagen mit einem Schaffner besetzt. Das Jahr war auch die Geburtsstunde der

Die Haltestellen machten bei der BVG-Ost mehrere Wandlungen durch. Zur 1962 eingeführten H-Scheibe wurden 1969 Zusatzschilder mit Nennung dieser und der nächstfolgenden Haltestelle angebracht.

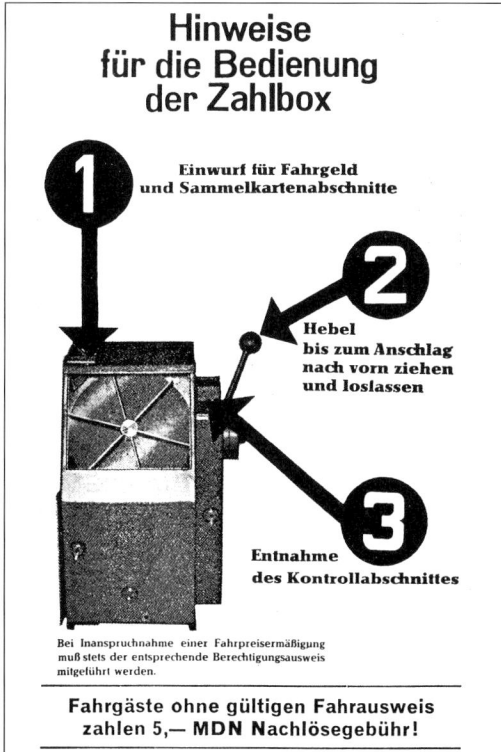

Hinweise für die Bedienung der Zahlbox

1 Einwurf für Fahrgeld und Sammelkartenabschnitte

2 Hebel bis zum Anschlag nach vorn ziehen und loslassen

3 Entnahme des Kontrollabschnittes

Bei Inanspruchnahme einer Fahrpreisermäßigung muß stets der entsprechende Berechtigungsausweis mitgeführt werden.

Fahrgäste ohne gültigen Fahrausweis zahlen 5,— MDN Nachlösegebühr!

legendären Zahlbox. Wie funktionierte die neue Betriebsform?

Das Abfahrsignal gab jetzt der Schaffner vom zweiten Beiwagen. Dabei leuchteten innen und außen am Wagen rote Lampen auf, gleichzeitig ertönte ein akustisches Signal.

Der Betrieb begann zunächst im Berufsverkehr auf den Linien 82, 82 E und 95 E; weitere Linien kamen hinzu, und bald wurde auch bei dieser Betriebsform der ganztägige ZZ-Betrieb eingeführt.

Weitere drei Jahre später kam es dann zur Einführung des »OS-Betriebes« (**o**hne **S**chaffner). Die Straßenbahnen durften nur noch mit Zeitkarten, Sammelkartenabschnitten – wobei die zusteigenden Fahrgäste mit Zeitkarten gehalten waren, diese den anderen Fahrgästen durch Hochhalten zur »gesellschaftlichen Kontrolle« vorzu-

Ab 1987 gingen die BVB in der Haltestellengestaltung eigene Wege. Zwei weiße « HH » auf rotem Grund kennzeichneten eine Doppelhaltestelle; Liniennummern in Negativschrift gaben Nachtlinien an, eine sehr sinnvolle und für den Fahrgast hilfreiche Gestaltung.

Eine beredte Schildersprache, nur dem Straßenbahnfahrer verständlich. Eine Zwangshaltestelle in einer Gefällstrecke der Leninallee im Juni 1985. Tatra-Fahrzeuge brauchten nicht zu halten.

zeigen – oder passendem Fahrgeld benutzt werden. Alle Fahrzeuge (Triebwagen und Beiwagen) wurden mit einer verbesserten Zahlbox auf der vorderen und hinteren Plattform versehen, der man jetzt auch Kontrollabschnitte entnehmen konnte. Die Selbstabfertigung durch die Fahrgäste erforderte eine Tarifvereinheitlichung. Die Umsteigefahrscheine (Erwachsene 30 Pfennig, Kinder und Schwerbeschädigte 15 Pfennig) wurden am 1. März 1966 abgeschafft, d. h. bei einer Benutzung von zwei Linien verteuerte sich die Fahrt von 30 auf 40 Pfennig. Der OS-Betrieb wurde

schrittweise ab 1. März 1966 eingeführt, und zwar zunächst auf den Linien 46, 82 und 95.

Am 12. Dezember 1967 war dann das Kapitel Schaffner beendet. An diesem Tage wurde die letzte Schaffnerin verabschiedet. Um 18.52 Uhr beendete Edith Hamann (44) ihre letzte Fahrt auf der Linie 72 E an der Weißenseer Spitze.

Innerhalb von zehn Jahren wurde damit eine Institution abgeschafft, die gut 100 Jahre Bestand hatte – der Schaffner oder Konducteur, wie er früher hieß, gehörte der Vergangenheit an.

6

Wagenpark – Personenverkehr

Durch die Spaltung der BVG im Sommer 1949 kam die sich nunmehr formierende BVG-Ost in den Besitz folgender Straßenbahn-Fahrzeuge:

Triebwagen	
Typ	Anzahl
T 08/24	15
TM 33	8
TM 36	40
TM 31 US	1
TM 31 U	36
T 33 U	14
TM 34	22
TF 14/24 S	10
TF 21 S	9
TF 13/26	2
TF 26	5
TD 07/25	31
TDS 08/24	56
TF 13/25	29
TF 20/29	8
T 25	1
T 24	164
zusammen	451

Der 1934 eingeführte BVG-Typenschlüssel hat folgende Bedeutung:

T - Triebwagen, B - Beiwagen, D - Drehgestell, M - Mitteleinstieg, F - Fahrgestell, S - Städtisch, G - Gelenkwagen, E - Einrichtungswagen.
Die erste Zahl kennzeichnet das Baujahr und die zweite das Umbaujahr. Die dann folgenden Buchstaben bedeuten: U - Umbau und S - Sonderbauart.

Beiwagen	
Typ	Anzahl
B 24	164
B 25	90
BM 28/35	6
BM 28/37	3
B 06/27	22
B 26	6
B 21	37
B 10/27	5
B 13/27	3
BF 13/25	4
B 07/27	2
BDM 26	15
BF 42	10
zusammen	367

In der ersten Zeit nach der Trennung galt es zunächst, den überalterten und meist nur provisorisch hergerichteten Fahrzeugpark einsatzfähig zu halten. Dies geschah zumeist in eigener Werkstatt, aber auch bei Privatfirmen, später in den Werkhallen der inzwischen »volkseigen« gewordenen Fahrzeughersteller. Der Abschluß dieser Instandsetzungsarbeiten wurde häufig zu einer Demonstration mit Fahnen und politischen Parolen gestaltet, wie die Ablieferung des wieder vollständig verglasten Triebwagens 3843 am 27. April 1950, an dessen Fenstern der Spruch prangte: »Krieg zerstörte diesen Wagen, Aufbauwille stellte ihn wieder her. VEB Lowa Bautzen.«

Um 1950 begann man dann auch vereinzelt, neue Wagenkästen auf vorhandene Fahrgestelle zu bauen und sogenannte »Wiederaufbauwagen« herzustellen. Beispielsweise erhielten im

Oben: Von 1949 bis 1950 wurden Hauptuntersuchungen an Straßenbahnwagen auch im Transformatorenwerk Oberschöneweide durchgeführt, hier an dem Tw 6013 des Typs T 24.

Unten: Der erste im Lowa-Werk Bautzen wieder hergerichtete und vollverglaste Tw 3843 wurde am 27. April 1950 der BVG übergeben.

Werk Werdau der Lowa jeweils 4 Beiwagen der Typen B 24 und B 25 neue Wagenkästen (Nrn. 123, 269, 287, 371; 565, 679, 706, 758).

Zwischen 1950 und 1954 versahen die Waggonfabriken in Niesky, Görlitz, Bautzen, Werdau sowie LEW Hennigsdorf 90 Triebwagen des Typs T 24 mit neuer elektrischer Ausrüstung; sie erhielten daraufhin die Typbezeichnung T 24 E.

Um den noch immer bestehenden Mangel an Beiwagen zu lindern, baute das LOWA-Werk in Berlin-Johannisthal 1952 aus 4 Güterloren, die aus Trieb- und Beiwagen der Typen T 24 und B 24/B 25 entstanden waren, die Beiwagen 1741 bis 1744 (Typ B 24/52).

Inzwischen war von der nunmehr »volkseigenen« Industrie, die aus traditionellen Waggonbaufirmen wie Lindner-Ammendorf, Busch-Bautzen und Gotha durch Enteignung hervorgegangen war, ein neuer Fahrzeugtyp entwickelt worden, fußend auf den schon vor dem Kriege begonnenen Entwicklungsarbeiten für einen deutschen Einheitsstraßenbahnwagen. Nach dem Herstellerwerk der Lowa (VVB Lokomotiv- und Waggonbau) im sächsischen Werdau wurde dieser Typ später als »Lowa-Wagen« allgemein bekannt und an viele Straßenbahnbetriebe, auch im Ausland, geliefert. Die BVG bezog 40 Beiwagen (1701 - 1740) in zwei Lieferungen, die jeweils nach dem Baujahr in den Typenkatalog als B 50 und B 51 eingereiht wurden.

Dem Versuch, einen brauchbaren Lenkdreiachser (BEL 50) zu konstruieren, war mit dem vergrößerten Lowa-Bw 1750 in Werdau kein Erfolg beschieden; das Fahrzeug, später in 1749 umgenummert, kam 1961 nach Potsdam und wurde alsbald ausgemustert.

Zum 5. Jahrestag des »Demokratischen Magistrats« nahm die BVG-Ost, die sich nunmehr »BVG im demokratischen Sektor«nannte, am 30. November 1953 die »Straßenbahn der Zukunft« in Betrieb: den Großraumzug 8001 + 3001, Typ TDE/BDE 52, der ebenfalls in Werdau gebaut worden war. Wegen seiner für Berliner Verhältnisse zu großen Breite von 2,50 Metern konnte er nur auf dem Streckenabschnitt Bahnhof Grünau–Schmöckwitz der Uferbahn-Linie 86 eingesetzt werden; auf einem kurzen Abschnitt wurden die Pflastergleise auseinander-

gerückt. Der Zug blieb ebenfalls ein Unikat und wurde 1969 verschrottet.

Die Entwicklung der Vierachser war indessen für eine Serienfertigung noch nicht ausgereift, so daß weiterhin auf die traditionellen Zweiachser zurückgegriffen werden mußte. Der Hallenser VEB Waggonbau Ammendorf, vormals Gottfried Lindner AG, konstruierte 1953 für die BVG einen geräumigen, weich gefederten Beiwagen und baute 50 Stück (1751–1800, Typ B 53). Sie waren als passende Beiwagen zu dem zum Umbau anstehenden Berliner Standard-Triebwagen T 24 U vorgesehen. Im Volksmund wurden sie nach dem Herstellungsort als Ammendorfer bezeichnet.

Da mit der Lieferung neuer Triebwagen in absehbarer Zeit nicht zu rechnen war, wurde 1953 beim LEW in Hennigsdorf am Tw 6144 des Typs T 24 ein Umbau des Wagenkastens in sehr kantigen Formen vorgenommen. Als wichtige Neuerung erhielt er Schiebetüren. Nach Beseitigung einiger Mängel folgten 1955/56 weitere 29 Triebwagen, nunmehr als T 24 U bezeichnet. 45 weitere Wagen dieser Serie wurden bei Lowa in Johannisthal umgebaut. Aufgrund ihrer eckigen Form erhielten sie von den BVGern schnell den Spitznamen »Schweinebuchte«.

Zwei Jahre später stellte die Betriebswerkstatt Treptow den versuchsweise umgebauten Tw 6096 (Typ T 24 E) vor, der eine neue Wagenkastenform mit mehr Rundungen und bulliger Stirnfront aufwies. Die schlagfertigen Berliner gaben ihm sogleich den Spitznamen »Ochsenkopf«. Außerdem fielen der mittels Handrad, anstelle der traditionellen Kurbel, zu betätigende Fahrschalter sowie die Falttüren auf. Das Fahrzeug kam nur selten zum Einsatz.

Erst 1959 erhielt die BVG-Ost 10 Züge eines neuen, weiterentwickelten Zweiachsers, den »Gotha«-Typ, offiziell als T 2-59 bezeichnet. Sie kamen ab 1. Mai auf der Linie 3 zum Einsatz. Die 10 Triebwagen erhielten die Nummern 3901–3910 und die dazu passenden 20 Beiwagen 1801–1820. Damit traten zum ersten Mal Doppelnummerierungen mit Straßenbahnwagen der BVG-West auf, die ihre 1950 beschafften Neubau-Beiwagen B 50 mit den Wagennummern 1800 - 1807 gekennzeichnet hatte.

Der Ammendorfer Beiwagen 1800 war 1957 in 1750 umgenummert worden.

Dieser robuste und doch ansprechend gestaltete Gotha-Typ sollte für Jahrzehnte das Bild vieler mitteldeutscher Straßenbahnbetriebe prägen. Darüber hinaus wurde er auch exportiert, z. B. nach Königsberg/Kaliningrad, nach Reval/Tallinn und Lemberg/Lwow. Die Berliner Züge wurden später zu Einrichtungswagen umgebaut und 1970 nach Potsdam und Leipzig abgegeben. Der erste angelieferte Tw 3901 erhielt 1965 eine neue Rolle als Fahrschulwagen zugewiesen. Er existiert noch heute.

Da die Erkenntnis reifte, daß der Wagenpark in absehbarer Zeit nicht grundlegend und umfassend zu erneuern war, wurde eine »Rekonstruktion«, das heißt ein Neubau unter Verwendung noch verwertbarer Teile der meisten Fahrzeuge erwogen und eingeleitet. Vorher jedoch hatte die Waggonfabrik in Gotha 1958 den in Ammendorf entwickelten zweiten Prototyp-Zug einer vierachsigen Großraum-Version fertiggestellt (Tw 8002 + Bw 3002), der die Berliner »klassische« Breite von 2,20 m aufwies und daher freizügig im gesamten Netz eingesetzt werden konnte. Es sollten jedoch für einige Jahre die einzigen Wagen dieses Typs TDE/BDE bleiben.

Die Erprobung im Fahrgastbetrieb erfolgte vom 7. Dezember 1959 bis 31. Dezember 1960 auf der Linie 86 Schmöckwitz – Mahlsdorf Süd.

Von diesem Zug können erstmalig auch die Kosten genannt werden: Entwicklung einschließlich Bau im LEW Hennigsdorf und VEB Fahrzeugausrüstung Berlin 1,5 Mio. MDN, nach Abschluß der Erprobung an die BVG verkauft am 18.12.1961 für 306.000,- MDN (=Mark der Deutschen Notenbank, damalige Bezeichnung der DM-Ost).

Zur Einleitung des »Reko«-Programms, welches, wie schon bei den Gotha-Zügen, die Verwendung von automatischen Scharfenbergkupplungen vorsah, wurden zwei Triebwagen des bereits umgebauten Typs T 24 U neben anderen Verbesserungen für diese Kupplungsart umgerüstet (Tw 5791 und Tw 5919).

Im März 1961 trafen die ersten Beiwagen der vierachsigen Großraum-Baureihe BDE ein, 14 Meter lang und 2,20 Meter breit, mit 23 Sitz- und 108 Stehplätzen, gebaut in Gotha. Die ersten Wagen (3003 - 3007) kamen am 1. April 1961 auf der Linie 69 zum Einsatz, allerdings gezogen von zweiachsigen »Reko«-Triebwagen. Die Triebwagen des passenden Typs standen erst im April 1962 zur Verfügung.

TE 59 bzw. BE 59 hieß dann der Reko-Typ, der aus den klassischen Berliner Wagen T 24/B 24 entstanden war, welcher von 1959 an in größerer Stückzahl zunächst in Gotha, später im Reichsbahn-Ausbesserungswerk Schöneweide (Raw Sw) für die BVG und auch für fast alle Straßenbahnbetriebe der DDR gefertigt wurde.

Es waren zunächst 165 Triebwagen und 255 Beiwagen; später wurde fast der gesamte übrige Alt-Wagenpark, vom Mitteleinstieg-Verbundwagen bis zu Maximum-Vierachsern aus dem Jahre 1907, für den Bau von Reko-Wagen verwendet; die Serienbezeichnungen gingen bis TZ 69 (Zweirichtungswagen) und BZ 69. Der letzte Reko-Zug verließ das Raw Schöneweide am 16. Januar 1970. Seit 1959 waren insgesamt 297 Trieb- und 392 Beiwagen modernisiert bzw. umgebaut worden.

In diesem Wagenbeschaffungsprogramm, das nur zweiachsige Fahrzeuge mit alter Technik umfaßte, offenbarte sich besonders deutlich der große Abstand im technischen Standard zu den westdeutschen Betrieben, bei denen bereits seit 1956 der sechs- und mehrachsige Gelenkwagen den Altwagenbestand größtenteils abgelöst hatte.

Diese Situation war auf die Dauer natürlich unbefriedigend, zumal Partei und Regierung ständig die Überholung des Westens auf technischem und ökonomischem Gebiet (Losung »Überholen ohne einzuholen«) vorhergesagt hatten. Im Zuge der »sozialistischen Integration« der RGW-Staaten war die Produktion von Straßenbahnfahrzeugen für den osteuropäischen Raum den »KD-Tatra-Werken in Prag-Smíchov übertragen worden. Nachdem bereits 1964 Dresden die ersten Tatra-Vierachs-Großraum-Triebwagen eingesetzt hatte und Leipzig, Magdeburg, Chemnitz (Karl-Marx-Stadt), Halle und sogar Schwerin mit diesen, auf amerikanischer PCC-Technik aus den dreißiger Jahren basierenden Wagen ihren Fahrzeugpark spürbar modernisierten, wurde es in Berlin geradezu als Herabsetzung empfunden, immer noch keines dieser relativ modernen Fahrzeuge zu haben. Dresden und Magdeburg schickten in den Jahren1968 bis 1971 sogar ihre rund zehn Jahre alten Gotha-Großraumzüge an die Spree, wo sie in den BVG-Wagenpark eingereiht wurden (aus Dresden 19 Züge, aus Magdeburg 14 Züge).

Die 1970 begonnene Neunumerierung der gesamten Fahrzeugflotten der BVB mit sechsstelligen, für elektronische Datenverarbeitung geeigneten Wagennummern umfaßte für die Straßenbahnfahrzeuge folgende »Gruppen«, womit die ersten drei Ziffern bezeichnet wurden; die folgenden drei Ziffern gaben die fortlaufende Numerierung an. Angefügt wurde noch eine Kontrollziffer.

Die Lieferung der Wagen dieser Bauart nach Berlin, die hier die Gruppennummer 219 im eingeführten EDV-Nummernschema erhielten, erfolgte Ende März 1976 mit zunächst drei Wagen (219 001–003). Ihre erste Probefahrt absolvierten diese »Neulinge« am 12. April 1976; der Einsatz im Personenverkehr begann am 11. September 1976 auf der Linie 75. Jedes Jahr kamen nun durchschnittlich 50 KT4D zu den BVB, wie die BVG-Ost seit 1969 firmierte, bis 1987 mit der Nummer 219 582 die »Zuführung« dieser Gelenkwagen ihren Abschluß fand. Zwei Wagenkästen – 219050" und 323" – wurden 1988/89 noch nachgeliefert.

Anzumerken ist noch, daß ab 1983 die ersten 12 Wagen mit Thyristorsteuerung ausgerü-

Beispiel:	2	18	028	(früher Tw 8029)
1. Ziffer hier	2			= Straßenbahnwagen für Personenbeförderung
2. und 3. Ziffer hier		18		= Großraum-Triebwagen
4. bis 6. Ziffer hier			028	= laufende Nummer innerhalb des Fahrzeugtyps

TM 33/34/36	201 001–005	ex	3313, 3423, 3425, 3817, 3837*)
TE 59	217 001–164	ex	3911–4075 (ohne 4007)
TE 63/64	217 201–306	ex	5001–5107 (ohne 5047)
TDE 58	218 001	ex	8002
TDE 61	218 002–066	ex	8003–8067
TZ 69	223 001–025	ex	5126–5150
BF 59	254 001–020	ex	1801–1820**)
BE 59	267 001–290	ex	1821–2075 (ohne 1959)
		ex	2151–2186
BE 64	267 401–450	ex	2101–2150
BDE 58	268 001	ex	3002
BDE 61	268 002–122	ex	3003–3123
BZ 69	269 001–050	ex	2241–2290

*) vorgesehen; die Wagen wurden inzwischen zu Arbeitswagen umgebaut, Nrn. 721 022 - 026
**) vorgesehen; die Wagen wurden vor der Neunumerierung nach Leipzig abgegeben

Der 1972 eigens für DDR-Betriebe nach Bremer Vorbild (dort seit 1960) von tschechischen und deutschen Konstrukteuren entwickelte 19 Meter lange vierachsige Kurzgelenk-Triebwagen KT4D wurde auch nicht auf Berliner Gleisen erprobt, sondern in Potsdam (ab Dezember 1974).

stet waren (219 292–303), wobei es sich bei den beiden letzten Wagen (302 und 303) um die Prototypen 0014 und 0015 aus Prag handelte. In der Typen-Nomenklatur wurden diese Fahrzeuge durch den Zusatz »t« gekennzeichnet (KT4Dt). Die dann folgenden waren wieder in

Normalausführung produziert. 1984 übernehmen die BVB 8 Triebwagen aus Leipzig; von den 1985er Tw 219 361–417 wurde der größte Teil 1990 nach Potsdam abgegeben; Tw 219 417 kam nach Cottbus, 219 143 und 144 nach Gera. In den letzten Jahren baute »KD-Prag wieder beide Versionen: Normalausführung und Wagen mit Thyristorsteuerung.

Jahr	Wagennummern	Bemerkungen
1976	219 001–003	
1977	219 004–063	
1978	219 064–117	
1979	219 118–160	
1980	219 161–227	
1981	219 228–230	
1982	219 231–291	
1983	219 292–303	KT4Dt
1983	219 304–312	
1976	219 313–320	1984 ex Leipzig 1301–1308
1984	219 321–360	
1985	219 361–417	
1985	219 418–444	KT4Dt
1986	219 445–474	KT4Dt
1986	219 475–521	
1987	219 522–582	KT4Dt
1988	219 050II	} nur Wagenkästen
1989	219 323II	

Nachdem nun inzwischen fast 600 Gelenkwagen auf Berliner Gleisen verkehrten – die größte Anzahl eines einzigen Typs, die jemals in einer deutschen Stadt verkehrte – wurde bekannt, daß dieser 18 Meter lange Typ gar nicht für Berlin konzipiert war, sondern nur für kleinere und mittlere Betriebe. Da die Tatra-Werke aber Mitte der siebziger Jahre zu erkennen gegeben hatten, die Produktion der in Leipzig, Dresden, Chemnitz und anderen Städten verkehrenden Großraum-Typen T3 und T4D einzustellen, war Berlin zwangsläufig in das KT4D-Geschäft eingestiegen, um überhaupt an einigermaßen moderne Straßenbahnwagen zu kommen.

Der Schlüssel der staatlichen Verkehrspla-

nung lautete folgendermaßen:
KT4D in Doppeltraktion: 38 m Zuglänge, maximal 350 Personen, bestimmt für Klein- und Mittelbetriebe.

Die Haltestellen-Bahnsteiglängen waren jedoch mit 50 Metern festgelegt worden, also kamen für Großstädte wie Berlin an sich nur »Großzüge«, bestehend aus Triebwagen + Triebwagen + Beiwagen mit 46 m Zuglänge und einer Kapazität von maximal 420 Fahrgästen in Betracht. Der Prager Hersteller schickte sich an, einen neuen Großraum-Vierachser zu entwickeln und stellte ihn auch im Jahre 1988 unter der Typenbezeichnung T6A2/B6A2 den Berlinern vor. Da alle Triebwagen Thyristorsteuerung aufwiesen, konnte das »t« in der Kurzbezeichnung entfallen.

Bis 1991 trafen 118 Tw und 59 Bw ein; das ergibt ein Wagenmaterial für insgesamt 59 Großzüge. Damit war die Beschaffung neuer Straßenbahnfahrzeuge für Berlin erst einmal abgeschlossen.

Am 31. Dezember 1991 verfügten die BVB (nach ihren Angaben) über 938 Straßenbahnwagen für den Personenverkehr in der folgenden Aufteilung:

	Triebwagen	Beiwagen
Zweiachser (Reko)	95	142
Großraum (Gotha)	15	15
Tatra-Gelenkwagen KT4D	395	–
Tatra-Gelenkwagen KT4Dt	99	–
Tatra-Großraumwagen T 6/B 6	118	59
	722	216

Die Farbgebung der Fahrzeuge bei der BVG-Ost lehnte sich in den ersten Jahrzehnten an das Hellelfenbein der traditionellen BVG-Farben an, wie sie auch von der BVG-West weiter gepflegt wurde. Markant für die Wagen im Osten jedoch war der Nitrofarbenanstrich, der sehr rasch nachdunkelte und den Fahrzeugen fast ständig ein schmutziges Aussehen verlieh. Die Werkstätten versuchten vergeblich, dagegen mit Neulackierungen anzugehen. Erst die Einführung von PUR-Farben im RAW Schöneweide um 1970 brachte eine leichte Besserung.

Im Jahre 1984 arbeiteten die BVB ein neues Farbkonzept für ihre Fahrzeuge aus. Dieses sah

- nach zwei Versuchsvarianten - einen orangefarbenen Grundton für den Wagenkasten unterhalb der Fenster und ein elfenbeingraues Fensterband vor; bei Tatra-Wagen waren die Türen in voller Höhe orangefarben lackiert.

Diese »freundlichen hellen Farben« fanden dann auch auf der 9. Tagung des ZK der SED En-

Übernahme-Wagenlisten (1949)

Fahrzeuge für den Personenverkehr

Triebwagen

Typenbez.	Baujahr	Hersteller	Wagennummern	Anz.
T 08/24	1908	Falkenried NAG/AEG	3216, 3219, 3224, 3225, 3234, 3243, 3257, 3260, 3264, 3282, 3286, 3287, 3296–3298	15
TM 33	1927	Görlitz/AEG	3300, 3302, 3313, 3324, 3337, 3342, 3353, 3355	8
TM 36	1927	C&U/AEG	3410, 3413, 3423–3427, 3434, 3445–3448, 3454, 3461, 3464, 3477, 3478, 3488, 3493, 3494, 3501, 3502, 3509, 3510, 3517, 3518, 3528, 3529, 3531, 3535, 3539, 3540, 3543, 3546, 3551, 3553, 3554, 3559, 3562, 3564	40
TM 31 US	1931	NAG/AEG	3600	1
TM 31 U	1931	NAG/AEG	3601–3606, 3613, 3616, 3625–3627, 3631–3633, 3640, 3645, 3654, 3660, 3664, 3665, 3669, 3670, 3672, 3679, 3687–3691, 3693, 3694, 3696, 3697, 3699, 3700	36
T 33 U	1933	NAG/AEG	3703, 3706–3708, 3716–3718, 3720, 3722, 3732, 3748–3750, 3752	14
TM 34	1927	Düssd./AEG	3802, 3804, 3806, 3807, 3814, 3816–3820, 3825–3827, 3829–3932, 3837, 3840–3843	22
TF 14/24 S	1914	Zypen/AEG	4119–4127, 4129	10
TF 21 S	1916	Falkenr./Siem.	4292, 4293, 4298, 4299, 4301–4305	9
TF 13/26	1913	Lindner/AEG	4352, 4354	2

Typenbez.	Baujahr	Hersteller	Wagennummern	Anz.
TF 26	1926	O&K/AEG	4361–4365	5
TD 07/25	1907-12	Falkenried, Zypen, Linke-Hofm., Gotha/AEG	5207, 5212, 5213, 5216, 5221, 5222, 5224, 5226, 5231, 5236, 5243, 5244, 5247, 5249, 5251, 5256, 5260, 5263, 5269, 5270, 5274, 5279, 5282, 5290, 5292, 5297, 5300, 5301, 5303, 5305, 5306	31
TDS 08/24	1908-19	Falkenr., Linke-Hofm., Lindn./AEG, SSW	5316, 5318, 5325, 5333, 5335, 5338, 5339, 5343, 5345, 5347, 5348, 5350, 5351, 5356, 5358, 5359, 5362, 5363, 5365–5367, 5373, 5374, 5376, 5378–5385, 5388, 5390, 5391, 5393–5397, 5400, 5403, 5406, 5407, 5408, 5411, 5412, 5416, 5419–5421, 5424, 5425, 5427, 5429, 5435	56
TF 13/25	1913/14	O&K/AEG	5443, 5444, 5455, 5462, 5467 - 5469, 5479, 5480, 5483, 5484, 5486, 5488, 5489, 5493, 5611, 5617, 5622, 5630–5632, 5636, 5639, 5641, 5644–5647, 5649	29
TF 20/29	1921	HAWA/AEG	5527, 5542, 5581, 5595, 5596, 5599–5601	8
T 25	1925	WUMAG/AEG	5700	1
T 24	1924-26	WUMAG, LHL, Busch/AEG, SSW u.a.	5705 - 5708, 5710, 5712, 5715, 5717, 5719, 5727, 5728, 5730 - 5732, 5735, 5743, 5744, 5748, 5749, 5751, 5755, 5759, 5764, 5766–5768, 5771, 5776, 5778, 5786, 5789 - 5792, 5795, 5797, 5798, 5804–5806, 5808, 5809, 5812–5814, 5817–5821, 5823, 5824, 5827, 5831, 5837, 5839–5843, 5845, 5859, 5861, 5862, 5867, 5870, 5872, 5873, 5875, 5881, 5882, 5888, 5890, 5892, 5894, 5895–5897, 5899, 5900, 5903, 5905, 5909, 5919, 5929–5931, 5934, 5935, 5939, 5940, 5942, 5950, 5956, 5958, 5962, 5976, 5978, 5981, 5982, 5994, 5997, 6001, 6002, 6005, 6013, 6014, 6020, 6025, 6031, 6034, 6035, 6038, 6041, 6050, 6055, 6061, 6069, 6080, 6081, 6083, 6086, 6088, 6090, 6095, 6096, 6103, 6104, 6110, 6112, 6113, 6114, 6116, 6117, 6120, 6121, 6124, 6127–6129, 6132, 6134, 6136, 6138–6140, 6144, 6149, 6153,	

Typenbez.	Baujahr	Hersteller	Wagennummern	Anz.
			6156, 6161–6164, 6167, 6169, 6170, 6172, 6178, 6188, 6191 - 6193, 6195	164
				451

Beiwagen

Typenbez.	Baujahr	Hersteller	Wagennummern	Anz.
B 24	1924	WUMAG, Linke-Hofm., Busch	16, 24, 26, 38, 41, 47, 49, 52, 59, 64, 65, 70, 71, 75–78, 80, 87, 101, 104, 107, 108, 112, 113, 116, 118, 120, 123, 125, 127, 136, 140, 142, 149, 161, 164, 167–170, 175, 178, 180, 181, 183, 189, 190, 197, 198, 204, 208, 213, 217, 219, 230, 231, 238, 241, 243, 248–250, 252, 254, 255, 257, 263, 269, 271, 273, 274, 275, 279, 285, 287, 292, 296, 299, 300, 307, 317, 318, 321, 324–326, 332, 335–338, 340 - 346, 348, 353, 362, 364, 371, 375, 376, 378, 380, 381, 383–385, 387–393, 396, 399, 401, 402, 404, 413, 416, 417, 420, 426, 428, 431, 433, 440–443, 446, 452, 455, 458, 460, 462, 464–472, 474–477, 482, 483, 486, 488, 491, 493, 494, 496, 499	164
B 25	1925/26	WUMAG	515, 516, 525, 533, 535, 536, 538–541, 543, 546, 552, 557–561, 564–569, 571, 572, 587, 592, 593, 597, 598, 611, 616, 626, 627, 629, 637, 643, 649, 650, 656, 659, 665, 667, 671, 674, 679, 680, 682, 683, 687, 691, 701, 702, 706, 708, 709, 711–715, 721, 725, 726, 728, 732, 735, 738, 740, 741, 743–745, 754, 758, 760–762, 767, 768, 774, 778–780, 782, 784, 785, 788, 798, 799	90
BM 28/35	1928-30	C&U	851, 854, 858, 862, 869, 879	6
BM 28/37	1928-30	Busch	886, 894, 895	3
B 06/27	1905-11	–	914, 923, 925, 928, 930, 947, 948, 958, 963, 981, 982, 984, 987, 1010, 1011, 1014, 1024, 1029, 1030, 1032, 1040, 1076	22

Typenbez.	Baujahr	Hersteller	Wagennummern	Anz.
BF 13/25	1913-14	O&K	1227–1230	4
B 26	1926	O&K	1231–1235, 1237	6
B 21	1918-21	HAWA	1285, 1286, 1289, 1292, 1296, 1299, 1303, 1310, 1312, 1315, 1321, 1327, 1334, 1335, 1337, 1344, 1348–1351, 1358–1361, 1370, 1377, 1378, 1389, 1393, 1398, 1399, 1404, 1411, 1413, 1418, 1420, 1421	37
B 10/27	1910/11	Lindner, O&K	1472–1474, 1477, 1485	5
B 13/27	1912/13	Lindner	1487–1489	3
B 07/27	1910	–	1492, 1499	2
BDM 26	1926-29	O&K	1507, 1510–1513, 1522, 1527, 1529–1531, 1533–1535, 1537, 1547	15
BF 42	1944	Wismar	1616–1625	10
				367

Herstellerfirmen

AEG	Allgemeine Elektricitäts-Gesellschaft, Berlin
Busch	Waggon- und Maschinenfabrik vorm. Busch, Bautzen
C&U	Christoph & Unmack, Niesky (Oberlausitz)
Düssd	Düsseldorfer Eisenbahnbedarf Gebrüder Schöndorff vorm. Carl Weyer & Co, Düsseldorf
Falkenried	Wagenbauanstalt Falkenried, Hamburg
Görlitz	Waggon- und Maschinenbau AG (WUMAG), Görlitz
Gotha	Gothaer Waggonfabrik, Gotha
HAWA	Hannoversche Waggonfabrik, Hannover-Linden
Lindner	Gottfried Lindner AG, Ammendorf (Saalekreis)
LHL	Linke-Hofmann-Lauchhammer, Werk Breslau
Linke-Hofm	Linke-Hofmann Werke, Breslau
NAG	Nationale Automobil-Gesellschaft, Berlin-Oberschöneweide
O&K	Orenstein & Koppel, Berlin
Siemens	Siemens & Halske, Berlin
SSW	Siemens-Schuckert-Werke, Berlin/Nürnberg
Wismar	Triebwagen- und Waggonfabrik Wismar
Zypen	van der Zypen & Charlier, Köln-Deutz

Übergabe-Wagenlisten am 31.12.1991
(Wiedereingliederung BVB ⇒ BVG)

Triebwagen

Typenbez.	Art	Wagennummern	
TE	Reko-Einrichtungs-Zweiachser	**217** 014, 051, 053–057, 060, 062, 064–068, 072, 074–078, 080–083, 085–088, 090–096, 100–111, 113, 151, 152, 159, 205, 209, 214, 215, 219, 223, 229, 236, 243, 250, 253, 255, 256, 259, 265, 267–270, 274, 276, 279, 281, 284–290, 292–294, 297, 299–301, 305	89
TZ	Reko-Zweirichtungs-Zweiachser	**223** 001–018	18
TDE	Großraum-Vierachser	**218** 003, 005, 008, 012–022, 024–029, 032–034, 036–038, 040–042, 045, 048–051, 053, 054, 056, 061, 063, 064	40
KT4D und KT4Dt	TATRA-Kurzgelenk-Vierachser	**219** 004–054, 056–142, 145–358, 360, 366, 397–402, 418–521, 553–582	494
T6A2	TATRA-Großraum-Vierachser	**218** 101–218	118

Beiwagen

Typenbez.	Art	Wagennummern	
BE	Reko-Einrichtungs-Zweiachser	**267** 002–004, 006–009, 011, 014, 015, 020, 026–036, 038–040, 043, 044, 046–049, 051–053, 055, 056, 059–062, 075–079, 084–089, 098–103, 122, 125, 126, 128, 131, 134, 135, 140, 145, 151–153, 155, 158–160, 162, 164–169, 171–174, 176, 180, 182, 183–187, 189–198, 200–202, 204, 207, 210, 213, 214, 216, 218–220, 223, 224, 226–231, 233, 234, 237–244, 246, 247, 249, 250, 252–255, 257–262, 264–273, 275–280, 428	113
BZ	Reko-Zweirichtungs-Zweiachser	**269** 001–004, 006–036, 038	36
BDE	Großraum-Vierachser	**268** 036, 040, 041, 048, 050, 053, 054, 058–060, 062, 065, 066, 068, 076, 078, 079, 081–088, 091, 094, 095, 099, 101, 102, 104, 108–111, 114, 117, 120, 121	40
B6A2	TATRA-Großraum-Vierachser	**268** 201 - 259	59

Die ersten Umbauten durch die BVG-Ost betrafen zunächst das Einbeziehen der Nummern- und Zielschildkästen in den Dachrand. Tw 3260 des Typs T 08/24, gebaut 1908, nach einem solchen Umbau, in den ersten Nachkriegsjahren.

Der Tw 4125 stammte ursprünglich von den Berliner Ostbahnen und war 1924 schon einmal umgebaut worden. Das Foto zeigt ihn auf der Teltow—Stahnsdorfer Strecke der Linie 96 an der Endstelle Machnower Schleuse im April 1957.

Diese Triebwagen hatten ein ereignisreiches Schicksal. 1913 von Lindner in Ammendorf für die Schmöckwitz-Grünauer Uferbahn gebaut, erhielten sie 1926 die Berliner Einheits-Plattformen. Zwei Fahrzeuge fuhren bis 1955 bei der BVG-Ost, bis sie schließlich nach Dessau abgegeben wurden.

Die Umbauten ein- und desselben Wagentyps durch die BVG-Ost fielen häufig recht unterschiedlich aus. Die beiden Triebwagen 4292 und 4293 waren 1916 für die BEStAG gebaut worden. Die Fotos stammen aus den Jahren 1958 (oben) und 1957 (Mitte).

Auch bei den 5 Triebwagen der ehemaligen »Flachbahn« der Hochbahngesellschaft wurden die zunächst freistehenden Nummern- und Zielschildkästen in den Dachrand integriert. Der abgebildete Tw 4362 kam 1956 zur Woltersdorfer Straßenbahn, zunächst als Tw 6, ab 1969 als Tw 10. 1971 wurde er ausgemustert. Er soll als historisches Fahrzeug Tw 14 der Flachbahn restauriert werden.

Auch die Maximum-Triebwagen unterlagen im Laufe der Jahre stark verändernden Umbaumaßnahmen wie Nummern- und Zielschildkästen, entfernte Scheuerleisten, Tonnendach, Schiebetüren, Fahrersitz.
Ein Zug mit Tw 5325 in Köpenick bei der Fahrt auf die Lange Brücke.

Mitte der sechziger Jahre konnte man einem zehnfenstrigen Maximum-Triebwagen begegnen, der die Wagennummer 5416 trug, in einer Serie, in der sonst nur achtfenstrige Wagen dieser Bauart zu finden waren. Ursache dafür war, daß der »echte« 5416 eine schweren Zusammenstoß hatte und verschrottet werden mußte. Auf die noch verwendbaren Drehgestelle und Motoren wurden nun der Wagenkasten des Tw 5231 (mit 10 Fenstern) gesetzt und die Nummer des verschrotteten Tw 5416 angeschrieben. Ein nicht alltäglicher Vorgang.

Ein HAWA-Triebwagen in fast unveränderter Form am 24. Oktober 1953 in der Jüdenstraße am Berliner Stadthaus.

Zu den ersten, Anfang der fünfziger Jahre im Waggonwerk Gotha wiederaufgebauten Wagen gehörten die Triebwagen 5483 (Bild oben) und 5488 des Typs T 13/25. Dabei wurden Schiebetüren eingebaut. Die übrigen Wagen dieses Typs (insgesamt 29 Wagen) behielten ihr Erscheinungsbild wie der Tw 5645 (Bild Mitte).

Tw 3819, dekoriert als »Zug der Deutsch-Sowjetischen Freundschaft« im Betriebshof Köpenick im Sommer 1958.

Der Einzelgänger und Prototyp der NAG-Mitteleinstiegwagen, der Tw 3600, war bei der BVG-Ost geblieben.

Von der Serienausführung dieses Typs hatte die BVG-Ost 36 Triebwagen behalten. Tw 3624 an der Endstelle Andreasstraße (Schillingbrücke). Im Hintergrund die Türme der St. Thomas-Kirche, die bereits im amerikanischen Sektor, Bezirk Kreuzberg, liegt. Foto vom 5. Juni 1958.

Die Triebwagen vom Typ T 33 U, von der NAG 1933 aus alten Triebwagen gebaut, hatten ursprünglich Teleskop-Schiebetüren. Wegen ihrer Störanfälligkeit wurden sie bei der BVG-Ost durch einteilige Schiebetüren ersetzt. Tw 3703 auf Linie 70 in Hohenschönhausen, Falkenberger Straße.

Zunächst blieben die T 24 in ihrem Original-Erscheinungsbild erhalten. Bei Neulackierungen wurde jedoch oftmals davon abgewichen, zum Beispiel bei der an anderer Stelle angebrachten Wagennummer, dem dunkel umrandeten Scheinwerfer und am hell gehaltenen Dachrand im Bereich der Wagenenden. Tw 5888 an der Endstelle Oranienburger Tor in der Hannoverschen Straße.

Mehrere Vorstufen zum Reko-Typ wurden an den zahlreich vorhandenen Berliner Einheits-Triebwagen T 24 erprobt. So erhielten ab 1954 insgesamt 75 Triebwagen neue Wagenkästen mit Schiebetüren (sog. »Schweinebuchten«), stärkere Motoren und andere Fahrschalter. Sie paßten damit zu den neuen »Ammendorfer Beiwagen«.

Der »Ochsenkopf« 6096 war ein Unikat. Er war 1956 in der Betriebswerkstatt Treptow umgebaut worden. Neben der bulligen Form fielen die Doppelfalttüren auf, die aber nur von Hand betätigt werden konnten. Das Foto entstand 1960 in der Köpenicker Landstraße Ecke Bulgarische Straße.

Reko-Wagen bestimmten jahrelang das Straßenbild. Ursprünglich hatten diese Fahrzeuge, wie die Gothaer-Züge, metallene Zierleisten. Ein Zug der Linie 70 in der Clara-Zetkin-Straße am 8. September 1963.

Anstelle der traditionellen Kurbel diente ein Lenkrad des Pkw »Wartburg« als Fahrschalter.

Zehn Drei-Wagen-Züge vom Typ »Gotha« erhielt die BVG 1959. Tw 3908 und Bw 1812 im Zustand der Anlieferung im Betriebshof Niederschönhausen.

Der 2,50 Meter breite Großraum-Prototyp-Zug 8001 + 3001 verläßt die eigens für ihn angelegte Kehrschleife in der Wassersportallee am S-Bahn-hof Grünau. Neben der Oberleitung hing ein rotes Warnschild: »Gesperrt für Großraumwagen!« Der Zug konnte wegen seiner Wagenkastenbreite nur zwischen Grünau und Schmöck-witz eingesetzt werden.

Der zweite vierachsige Großraum-Prototyp-Zug, 8002 + 3002, in »normaler« Breite von 2,20 m, fährt in die 1964 eröffnete Endschleife in Wendenschloß ein.

Die Großraumzüge, die auch für Dresden und Magdeburg gebaut wurden, entstanden im Waggonwerk Gotha. Die mißverständliche Formulierung unter diesem Pressebild, wonach die Straßenbahnwagen aus dieser Fabrik »in fast allen Städten unserer Republik« eingesetzt und auch »vielen Bürgern ... des Auslands« vertraut sind, trifft nur auf die Gothaer Zweiachser zu.

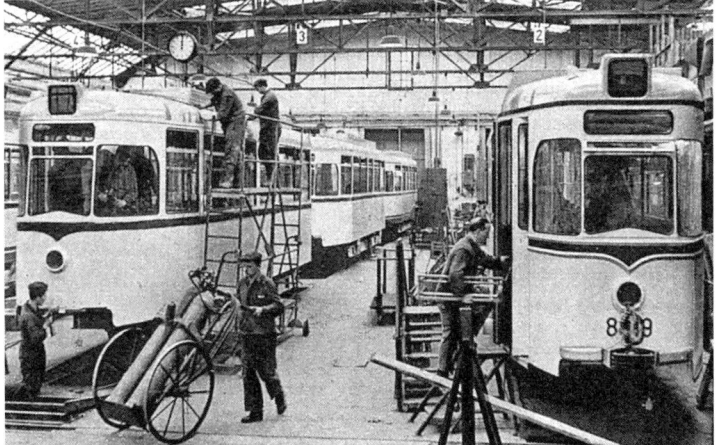

Wer kennt sie nicht? Straßenbahnwagen aus dem VEB Waggon-bau Gotha sind vielen Bürgern der DDR und des Auslands (vorwiegend der Sowjetunion) vertraut. Etwa 30 Wagen verlassen monatlich das Werk; in fast allen Städten unserer Republik sind sie eingesetzt.

Die ersten Tatra-Wagen in Berlin wiesen dieselbe rot-weiße Lackierung auf, wie man sie im gesamten Ostblock antreffen konnte. Hier ein Zug der Linie 75 mit den beiden zuerst gelieferten KT4D-Wagen 219 001 + 002 in der Hans-Beimler-Straße im September 1976.

Die Serienausführung hatte einen breiteren weißen Streifen unter den Fenstern. Von den Tatra-Gelenk-Triebwagen ist die respektable Menge von 582 Stück an die Berliner Straßenbahn geliefert worden. Ein Zug der Linie 18E mit dem führenden Tw 219 336 am 19. März 1985 vor den Plattenbauten im neuen Wohngebiet Marzahn.

Versuchsweise wurde der KT4D-Triebwagen 219 492 für etwa 500 000 DM modernisiert und im Mai 1991 vorgestellt. Auffallend sind die neuartige Liniennummern- und Zielanzeige in IBIS-Technik.
Zur Erleichterung für den Rangierer im Betriebshof wurde bei den in Weißensee, Marzahn und Lichtenberg stationierten Tatra-Wagen die Wagennummer an der linken Seite in auffälliger Größe angeschrieben.

Die ab 1988 gelieferten normalen Vierachser des Typs T6A2/B6A2 wurden auch als Großzüge (Tw + Tw + Bw) eingesetzt, hier auf Linie 18 in der nördlichen Chausseestraße im Frühjahr 1990.

Auch nach der politischen Wende im Herbst 1989 trafen noch Tatra-Wagen aus Prag in Berlin ein. Hier der Bw 268 258 des Typs B6A2 am 15. September 1991 auf dem Güterbahnhof Schöneweide.

Die beiden Uralt-Bw 1477 und 947, die noch von den Vorgängergesellschaften Spandauer Straßenbahn und Große Berliner Straßenbahn stammten, erhielten nur veränderte Dächer und zum Teil Schiebetüren, hier aufgestellt vor dem Ostbahnhof am 27. März 1965.

Im allgemeinen wurde das Erscheinungsbild der Fahrzeuge bei der BVG-Ost am Anfang wenig verändert. Bw 1530 zum Beispiel erhielt nur neue metallene Zierleisten (»Lowa-Wulst«).

Bereits Ende der zwanziger Jahre beschaffte die Berliner Straßenbahn Niederflurwagen. Die BVG-Ost behielt neun Beiwagen in zwei Ausführungen. Bw 858 auf Linie 84 in Friedrichshagen, Mitte der sechziger Jahre.

Bw 895 biegt auf Linie 84 in Köpenick aus der Bahnhofstraße in die Seelenbinderstraße ein, 1967.

Die im Zweiten Weltkrieg entwickelten deutschen Einheits-Straßenbahnwagen, von denen die ersten Beiwagen als Typ BF 42 zur BVG kamen, wurden bei der BVG-Ost nur geringfügig baulich verändert. Je nachdem, in welcher Größe Glasscheiben beschafft werden konnten, wurden die Seitenfenster, deren Dreierteilung sich später in den Gotha-Wagen wiederfand, entweder in sechs kleinere oder drei große oder sechs kleine Oberfenster unterteilt. Aus sechs der zehn im Osten verbliebenen Wagen 1916–1625 entstanden in den sechziger Jahren die Reko-Bw mit den EDV-Nummern 269 001, 025, 043, 045–047.

Vier »Wiederaufbauwagen« wurden 1952 im Lowa-Werk Johannisthal auf Fahrgestellen der Beiwagentypen B 24 und B 25 aufgebaut, die zwischenzeitlich als Güterloren Verwendung gefunden hatten. Bw 1743 im Jahre 1962 an der Endstelle Friedrichshagen, Wasserwerk.

Als das Wort »Reko« noch nicht erfunden war: Der Beiwagen 269 des Typs B 24 erhielt 1950 bei Lowa in Werdau zusammen mit sieben weiteren Wagen einen neuen Aufbau. Ein Zug der Linie 4 an der Endstelle Eberswalder Straße.

Die ersten echten Neubaufahrzeuge im Wagenpark der BVG-Ost waren die sogenannten Lowa-Wagen, von denen Berlin 40 Beiwagen in zwei Lieferungen in den Jahren 1950 und 1951 erhielt. Hier Bw 1740 auf der Linie 11 am 8. September 1963 am Spreeufer (Am Weidendamm).

Die Waggonfabrik Ammendorf in Halle (Saale) lieferte 1963 50 Stück eines eigens für die BVG entwickelten Beiwagentyps. Diese wurden kurz »Ammendorfer« genannt.

Oben: Ein noch neuer Reko-Beiwagen. Für den Wagen 1999 wurde das Fahrgestell des B 25-Beiwagens 629 verwendet. Das Foto entstand am 1. Juli 1960 in der Endschleife Buchholz.

Unten: Zwei Züge der Linie 86 mit Gothaer Großraumwagen begegnen sich 1976 auf der Teltowkanalbrücke in Grünau. Vorn Bw 268 031.

7

Arbeitswagen

Die BVG-Ost behielt bis zur Einführung der EDV-Nummern die von der Gesamt-BVG übernommenen Bezeichnungen für ihre Arbeitswagen

bei, d. h. einen Kennbuchstaben mit einer ein- bis dreistelligen Zahl. Siehe die Fahrzeuggattungen in untenstehender Tab. 1.

Ab 1964 rüstete die BVG-Ost kontinuierlich wieder Personenwagen zu Arbeitsfahrzeugen um, und zwar zunächst Verbundtriebwagen. Dabei wurden die niedrigen Nummern A1 bis A22 erneut vergeben.

Auch nach Einführung der EDV-Nummern wurde der Umbau von Verbundtriebwagen fortgesetzt; diese Fahrzeuge erhielten sofort die EDV-Nummern. Nach Aufnahme des Güterverkehrs (1981) wurden dann Reko-Wagen in Arbeitsfahrzeuge mit Mittelschiebetüren umgebaut:

Das EDV-Schema ab 1970 sah folgende Arbeitswagen-Numerierungen vor (Tab. 2):

A	= Arbeitswagen	Schlepp- und Rangiertriebwagen, Schleifwagen, Schienenreiniger
B	= Fahrbare Bücherei	1 Beiwagen zur Versorgung der BVG-Betriebsangehörigen mit Lesestoff, von 1952 bis Anfang der siebziger Jahre
G	= Güterloren	Offene Güterwagen, Kipploren und Schienentransportschemel
H	= Hilfsgerätewagen	Ursprünglich je 1 Triebwagen auf jedem Betriebshof stationiert
K	= Konsumverkaufs-Beiwagen	
L	= Lokomotiven	der Güterbahn Schöneweide–Rummelsburg
S	= Salzwagen	Meist aus ältesten Beiwagen, z. T. noch von der Pferdebahn, umgebaut. Zum Transport und Ausstreuen von Tausalz
T	= Technisches Kabinett	1 Triebwagen, von 1958 bis 1965
T	= Turmwagen	2 Triebwagen (T 13 und T 26)

Tab. 1

Tw 720 001 – 007	Schlepper für Schienenkräne und Hilfsgerätewagen
Tw 721 001 – 038	Rangier-Tw bzw. Schlepper
Tw 721 039 – 076	Arbeits-Tw mit Mittelschiebetür, ex Reko-Tw der Ordnungsgruppe 217
Bw 721 501 – 557	Loren und Schienentransportwagen, ex G-Wagen und Reko-Bw der Ordnungsgruppen 267 und 269
Bw 723 501	Büchereiwagen
Tw 724 001 – 006	Fahrschulen
Tw 729 001 – 029	Spezialfahrzeuge: Kurvenschmierwagen, Unkrautvertilgungswagen, Schienenschleifwagen, Schneepflüge, Turmwagen
Tw/Bw 729 035 + 036	Schub-Tw mit Schneefräse
Bw/Tw 729 037 + 038	Gleismeßfahrzeug mit Schlepp-Tw
Bw 729 501 – 522	Salzwagen, Turm-Bw

Die Umnumerierungen verliefen sehr schleppend, so daß einige Fahrzeuge ihre vorgesehenen EDV-Nummern nicht mehr erhielten, sondern vorher ausgemustert wurden.

Tab. 2

Übernahme-Wagenlisten (1949)

Arbeitswagen

A 11, A 13, A 15, A 28, A 29, A 42, A 43, A 46–A 48, A 51, A 57, A 60, A 68, A 82, A 95, A 97, A 100, A 102–A 104, A 106, A 108–A 110, A 112, A 113, A 115, A 117, A 118, A 123, A 125–A 127, A 139, A 151, A 155–A 158, A 159, A 163, A 165–A 167, A 169–A 171, A 177, A 180–A 185, A 188, A 190, A 192, A 196, A 197, A 201, A 215, A 221–A 223, A 230–A 232, A 245, A 257, A 270, A 271, A 277, A 280, A 281, A 283–A 286, A 290

G 4, G 7–G 9, G 14, G 18, G 40, G 52, G 69, G 106, G 107, G 127, G 128, G 131–G 134, G 137, G 138, G 151–G 153, G 155, G 157, G 160, G 165, G 184, G 186, G 189, G 193, G 194, G 209, G 220–G 223, G 229, G 242–G 247, G 251, G 255–G 257, G 265–G 268, G 271, G 273, G 283–G 285, G 288, G 293, G 295, G 302, G 309–G 311, G 314, G 316, G 317, G 320–G 322, G 327, G 332–G 348, G 353, G 360, G 363, G 369–G 371, G 376–G 378, G 385 –G 387, G 390

H 3, H 22, H 24, H 26

K 1, K 2

L 12, L 15, L 21, L 22

> Die Angaben über Arbeitswagen sind in den zur Verfügung stehenden Unterlagen nur sehr unvollständig.

S 2, S 3, S 5, S 6, S 8, S 14, S 26, S 27, S 32, S 41, S 48 - S 52, S 57, S 61, S 63, S 78, S 80, S 88 - S 90

T 26

Übergabe-Wagenlisten am 31.12.1991

Arbeitswagen

Verwendungszweck	Wagennummern	
Arbeits-Tw	721 039 - 043, 046, 047, 050 - 055, 057 - 076	33
Fahrschulwagen	724 001 - 006	6
Loren	721 506 - 508, 516 - 518, 520 - 531, 533, 543, 547	21
Turm-Bw	729 501	1
Rotationsschneepflug	729 035 (Tw), 036 (Schneepflug)	2
Vorbauschneepflüge	990 098, 099, 101 103, 110, 111, 118, 119, 134	10
Kräne	061 005, 008, 010 - 012, 016, 044	7
		80

Der Arbeits-Triebwagen A 15, der hier im schneereichen Winter 1968/69 eine Lore mit Streusand über die Kreuzung Leninallee/Dimitroffstraße zieht, entstand aus dem ehemaligen Schützenwagen 3535 und wurde 1971 in 721 014 umgenummert.

Der Saugwagen A 29 wurde möglicherweise aus dem kriegszerstörten Schienenreinigungs-Triebwagen A 62 (ex Cöpenicker Straßenbahn 57) aufgebaut. Er wurde hauptsächlich zum Reinigen von Weichen benutzt. Aufnahme 1957 auf dem Betriebshof Köpenick.

Oben: Die NAG in Schöneweide baute in den zwanziger Jahren Berolina-Triebwagen der vormaligen GBS in U3l-Triebwagen um. Diese wurden in größerer Zahl als Arbeitswagen bei beiden BVG-Betrieben weiterverwendet. Hier ein Güterzug (beide Fahrzeuge auf U3l-Untergestellen) als Sonderfahrt bezeichnet am 29. Juli 1961 auf dem Alexanderplatz.

Unten: Gegenüber dem Berliner Dom wurde in den ersten Nachkriegsjahren Trümmerschutt in Schiffe verladen, wobei die Straßenbahn tatkräftig Hilfe leistete. An den Fenstern des A 42 steht mit großer weißer Schrift »Die BVG baut auf für den Frieden«. Aufnahme aus dem Jahre 1949.

Eine Reihe Arbeits- und Hilfsgerätewagen behielt ihre Berolina-Fahrgestelle
und -Wagenabmessungen bei, wie hier
der ab 1970 mit der EDV-Nummer
729 002 versehene Arbeitswagen
A 181 auf einer Probefahrt am 19. Juli
1978.

Arbeitswagen A 281 wirbt für den
sowjetischen Film »Freundschaft
siegt«, der die III. Weltjugendfest-
spiele 1951 dokumentierte.

1953 baute Lowa-Johannisthal für die
BVG-Ost vier Schienenschleifwagen
mit den Betriebsnummern A 282 bis
A 285. Diese erhielten ab 1971 die
EDV-Nummern 729 003–006. Wagen
A 284 ist erhalten. Hier eine Aufnah-
me des A 285 aus dem Jahre 1955.

Die fahrbare Bücherei der BVG, die 1952 aus dem Arbeitswagen A 165, einem früheren Cöpenicker Triebwagen von 1913, entstand, konnte jeweils 4200 Bücher des insgesamt 250 000 Bände umfassenden Bestandes der Betriebsbücherei aufnehmen. Der Beiwagen B1 wurde am 4. Juni 1974 außer Dienst gestellt.

Dieser Turmwagen G 209 hat eine bewegte Geschichte hinter sich. Er wurde 1912 als tunnelgängiger Triebwagen 35 für die Berliner Ostbahnen gebaut, erhielt 1920 bei der Berliner Straßenbahn die Wagennummer 4109, wurde 1929 zum Turm-Tw T 26 und in den sechziger Jahren bei der BVG-Ost zum Turm-Bw G 209 umgebaut. Schließlich erhielt er noch die EDV-Nummer 729 501. Das Fahrgestell ist nicht original.

Ein Arbeitszug, bestehend aus Tw A 115 und Lore G 377 an einer Gleisbaustelle in der Chausseestraße am 14. April 1961.

Der Hilfsgerätewagen H 26, hier im August 1970 vor der Fassade der Wagenhalle in Köpenick, stammt von der Großen Berliner Straßenbahn, die ihn 1901 als Tw 2082 beschaffte. Seit 1987 ist er in seinem historischen Kleid ein besonderes Schmuckstück in der Berliner Museumswagensammlung.

Salzwagen entstanden häufig aus Pferdebahnwagen. Hier ein »Güterzug« aus G 347, S 50 und S2 in den fünfziger Jahren. Der Wagen S2 wurde 1953 aus einem Metropolwagen der Pferdebahn umgebaut und bleibt als historisches Fahrzeug erhalten.

Der Turm-Tw T 13, der auch in der ersten Zeit nach dem Umbau aus einem NAG-Personenwagen zum Turmwagen noch die Nummer A 13 führte, hier in der Alexanderstraße zwischen Alexanderplatz und Jannowitzbrücke am 29. Juli 1961. In der letzten Zeit wurde er überwiegend zusammen mit dem Turm-Bw G 209 als eine Betriebseinheit eingesetzt.

Für den Stadtgüterverkehr, der 1981 wieder aufgenommen wurde, bestand erheblicher Bedarf an Schlepptriebwagen. Hierfür wurden etwa 40 Reko-Triebwagen umgebaut und mit einer breiten Mitteltür versehen. Sie erhielten die Wagennummern 721 039–076. Foto vom 23. Juli 1986.

Der erste Gotha-Triebwagen aus dem Jahre 1959 mit der Wagennummer 3901 wurde im November 1964 zum Fahrschulwagen umgebaut, behielt jedoch die Nummer 3901. Bei der Neunumerierung erhielt er die EDV-Nummer 724 001 und 1976 die weit sichtbare Aufschrift FAHRSCHULE. Foto vom 27. Juni 1987 im Betriebshof Marzahn.

Die 1973 neu erbaute Schneefräse mit der Wagennummer 729 036 wurde mit dem aus dem Einrichtungs-Reko-Tw 217 044 umgebauten Zweirichtungs-Tw 729 035 zu einer betrieblichen Einheit verbunden.
1996 kamen beide Fahrzeuge in das Eisenbahn- und Technikmuseum Prora auf Rügen.

Im Jahre 1970 wurden im Raw Leipzig-Engelsdorf drei Gleismeß-Fahrzeuge gebaut, von denen Dresden, Leipzig und Berlin je ein Fahrzeug erhielten. Auch in Berlin behielt es anfangs seine elfenbeinfarbene Lackierung mit blauem Zierstreifen; erst 1984 wurden die Berliner Farben und die Wagennummern 729 037 angebracht. Foto 1979 auf dem Betriebshof Nalepastraße.

8

Historische Straßenbahnwagen

Am 21. Juni 1969 wartete der Festzug durch die Altstadt von Köpenick anläßlich der beliebten Festwoche »Köpenicker Sommer« mit einer besonderen Attraktion auf: Der berühmte »Hauptmann von Köpenick« wurde von dem Triebwagen 10 der »Städtischen Strassenbahn Cöpenick« begleitet. Damit trat eine Gruppe von Straßenbahnfreunden erstmals an die Öffentlichkeit, die ein Jahr zuvor begonnen hatte, einen alten Arbeitswagen als »Traditionsfahrzeug« wieder herzurichten. Die Mitglieder dieser »Arbeitsgruppe

Historische Straßenbahn der Arbeitsgemeinschaft Verkehrsgeschichte im Deutschen Modelleisenbahn-Verband der DDR (DMV)«, die sich heute »Denkmalpflege-Verein Nahverkehr Berlin« nennt, restaurieren, reparieren und pflegen seitdem in der alten Wagenhalle in Schmöckwitz erhaltenswerte Oldtimer als Zeugen der Technik- und Verkehrsgeschichte Berlins, zum Teil mit Unterstützung der ehemaligen BVB und des Märkischen Museums. Ihrem beispielhaften Einsatz ist mit inzwischen 20 Personenwagen und 6 Arbeitsfahrzeugen die Existenz der größten Flotte an betriebsfähigen historischen Straßenbahnwagen in Deutschland zu danken (Stand Ende 1991). Bei Volksfesten, Stadt- und Bezirksjubiläen, Tagen der Offenen Tür sowie als »Hochzeitskutsche« wurden diese gern eingesetzt und erfreuten sich großer Beliebtheit bei den Berlinern. Bei Fahrten wurden historisch gestaltete Fahrscheine verkauft. Diese Traditionswagen traten auch schon bei Film- und Fernsehaufnahmen

»Janz Berlin«schien auf den Beinen zu sein, um dem ersten Traditionswagen bei seiner Premiere zuzujubeln, hier in der Köpenicker Bahnhofstraße am 21. Juni 1969.

und zu besonderen Anlässen außerhalb Berlins, beispielsweise in Potsdam und Dessau, in Aktion.

Die Daten zu den einzelnen Wagen sind der nachstehenden Aufstellung zusammengefaßt:

Tabelle der historischen Straßenbahnwagen (Stand Ende 1991)

Art	Wagen-nummer	Erscheinungsform	Bau-/Umbaujahr	Fertigstellung	Bemerkungen
Tw	10	Städt. Straßenbahn Cöpenick 1903	1903/23	1969	ex A 277[II], ex BSt 3211, ex GBS 2402
Tw	5274	BVG 1952	1912/25/52	1973	ex GBS 3166
Tw	68	Straßenbahnen der Stadt Berlin 1910	1910	1973	ex BVG/BSt 5366
Tw	3110	Berliner Straßenbahn 1923	1899/1923	1974	ex A 118, ex GBS 1416
Bw	958	BVG 1932	1906/27	1976	ex GBS 598
Tw	5256	BVG 1932	1912/25	1978	ex GBS 3148
Bw	1707	BVG-Ost 1950	1950	1979	ex Dessau 106, ex BVG 1707
Tw	2990	Große Berliner Straßenbahn 1913	1913/25	1981	ex BVG 5279, ex BSt 5098
Bw	1420	Berliner Straßenbahn 1920	1920	1984	HAWA-Prototyp
Tw	3493	BVG-Ost 1952	1927/36/52	1985	ex 721 002, ex A 2[II]
Tw	2082	Große Berliner Straßenbahn 1901	1901	1987	ex H 26, ex BSt 3642
Bw	808	Große Berliner Straßenbahn 1906	1906	1987	ex BVG/BSt 1032
Tw	3802	BVG 1938	1927/34	1990	ex 721 008, ex A 9[II]
Pfb	573	Große Berliner Pferde-Eisenbahn 1885	1883	1990	bis 1987 Schuppen in Werder/Havel, ex PfE Werder 10, ex BStB GmbH Bw 1940, ex BSt Bw 306, ex GBS Bw 573

Art	Wagen-nummer	Erscheinungsform	Bau-/ Umbaujahr	Fertigstellung	Bemerkungen
Tw	218 001	BVB 1985	1958/72	1990	ex 8002
Tw	14	Flachbahn 1926	1926	in Rekonstruktion	ex Woltersdorf 10, ex 6, ex BVG 4362
Tw	4305	Berliner Straßenbahn-Betriebs-GmbH 1925	1921/25	in Rekonstruktion	ex Strausberg 8, ex BVG 4305
Bw	984	BVG-Ost 1952	1909	in Rekonstruktion	ex GBS 689
Bw	1688	Berliner Straßenbahn-Betriebs-GmbH 1923	1898	in Rekonstruktion	bis 1988 am Bahndamm in Schöneweide; ex BCS 607
Tw	3337	BVG 1933	1927/33	geplant	ex A-Tw 721 009, ex A 7^{II}
Tw	5403	BVG 1938	1912/24	geplant	ex StSB 218
Tw	5617	Große Berliner Straßenbahn 1913	1913	geplant	ex Woltersdorf 26, ex 11, ex BVG 5617, ex BSt Bw 1233, ex GBS Bw 34
Tw	5630	Große Berliner Straßenbahn 1913	1913	geplant	ex Woltersdorf 25, ex 15, ex BVG 5630, ex BSt Bw 1245, ex GBS Bw 47
Bw	1103	Berliner Straßenbahn-Betriebs-GmbH 1925	1903	geplant	ex GBS 73
Bw	339	BVG 1949	1924		1964-1991 in holländischen Museen
Tw	A 180	BVG-Ost 1949	–/1952	1987	Kastenschlepper, ex Berolina-Tw
Tw	A 284	BVG-Ost 1953	1953	1987	Schienenschleif-wagen, ex 729 005
Bw	G 107	BVG-Ost 1953	–/1944	1985	Güterlore, ex Berolina-Tw

Art	Wagen-nummer	Erscheinungsform	Bau-/ Umbaujahr	Fertigstellung	Bemerkungen
Bw	G 193	BVG-Ost 1949	1925	1983	Drehschemel-wagen, ex 721 509
Bw	G 255	BVG-Ost 1949	1925	1987	Kipplore, ex 721 513
Bw	S 2	BVG-Ost 1953	–/1953	1987	Salzlore, ex Metropolwagen

Einer Anekdote gleicht die Geschichte der »Wiedergeburt« des Cöpenicker Triebwagens 10.

Die Straßenbahnfreunde der Arbeitsgruppe Historische Straßenbahn gingen, als sie von der BVG den ausgemusterten A-Tw 277 erhalten hatten, davon aus, daß es sich hierbei um den ehemaligen Köpenicker Tw 10 aus dem Jahre 1903 handelt. In Wahrheit jedoch war die Nummer A 277 nach Ausmusterung des früheren Köpenicker Tw 10 schon vor Jahrzehnten ein zweites Mal vergeben worden, und zwar an den U3l-Wagen 3211 der Berliner Straßenbahn. Dieser wiederum war durch Umbau aus dem Neu-Berolina-Triebwagen 2401 der Großen Berliner Straßenbahn, Baujahr 1902, entstanden. Im August 1968 begann der Rückumbau, und nach 5000 Arbeitsstunden wurde dieser erste historische Straßenbahnwagen im Ostteil Berlins vorgestellt, ein gelungenes Gemeinschaftswerk mit Hilfe auch aus anderen Städten: das Laternendach stammt aus Leipzig, der Lyrabügel aus Cottbus und die Dachlaternen aus Plauen.

Eine Fahrgestellverkleidung, die der alten Köpenicker Form nahekam, wurde später angebracht.

Nach der Schlacht um Berlin. Noch im Mai 1968 glich die Charlottenstraße am Schauspielhaus einem realistischen Kriegsschauplatz. In dem sowjetischen Film »Die Befreiung Europas« stellte der Beiwagen 1285 eine Barrikade dar, die russische Panzer aufhalten sollte. Nach dem »Kampf« wurde er noch zum Reko-Bw 2180 (später 267 284) umgebaut.

1975 machte die DEFA wieder einmal die Straßenbahn zum Filmstar. Hier die aus zwei Arbeits-Triebwagen hergerichteten Wagen 879 und 3840 in der Grünauer Straße in Köpenick am 22. Oktober 1975.

Neben den Traditionswagen haben auch andere Berliner Straßenbahnwagen in Filmen mitgewirkt:

Im Jahre 1965 wurden die beiden Arbeitswagen A 11^{II} und A 46 an die DEFA nach Babelsberg abgegeben, wo sie in einem Film über das Leben des Politikers Karl Liebknecht verwendet wurden. Aus dem A 11 entstand der Tw 1351 der GBS, der A 46 wurde zu einem Sommerbeiwagen ohne Nummer umgebaut. Die Gestaltung folgte kaum den historischen Vorbildern.

Mitte Mai 1968 wurden für den sowjetischen Streifen »Die Befreiung Europas« Kampfszenen im alten Berliner Stadtzentrum gedreht. In diesem Film bildete der Beiwagen 1285 eine Straßenbarrikade, die ein T34-Panzer zu durchbrechen hatte. Nach seiner »Filmrolle« wurde der Wagen noch zum Reko-Beiwagen 2180 (später 267 284) umgebaut.

Im Oktober 1975 machte die DEFA Filmaufnahmen in der Grünauer Straße in der Köllnischen Vorstadt von Köpenick, deren Häuserzeilen etwas an die Stadt Teltow erinnern. Hier kam ein Straßenbahnzug der Linie 96 mit den Fantasie-Wagennummern 3840 + 879 zum Einsatz. Es handelte sich um zwei ehemalige Verbundtriebwagen (»3840« ex 721 012 ex A 13 ex 3531 und »879« ex 721 003 ex A 3 ex 3494). Eini-

ge Zeit danach wurden die Fahrzeuge verschrottet.

Die ansprechenden Oldtimer hatten stets eine gute Presse, sowohl in den Zeitungen Berlins in Ost und West als auch im Ausland. So brachte die in Moskau erscheinende Zeitschrift »Wissenschaft und Leben« (»Nauka i Shisn«) 1978 einen dreispaltigen Bericht mit Foto der Fahrzeugparade vor der Wagenhalle in Schmöckwitz.

Der Traditions-Tw 3110, der ursprünglich im Gelb der ersten BVG-Jahre gezeigt wurde, erhielt in den achtziger Jahren den hellen Anstrich der Berliner Straßenbahn des Jahres 1920, um ihn dem Hawa-Beiwagen 1420 anzupassen und auch um ihn optisch vom Triebwagen 3050 desselben Typs, der sich im Museumswagenbestand der BVG-West befand, zu unterscheiden.

Mehrere Decksitzwagen aus der Pferdebahnzeit waren 1939 in Fahrleitungs-Revisionswagen umgebaut worden. Eines dieser Fahrzeuge, der Wagen G 209, kam 1959 in das Verkehrsmuseum Dresden. Dort repräsentiert er als nicht ganz korrekt restaurierter Wagen 627 der GBPfE (ursprüngliche Nr. 601, Baujahr 1885) die Zeit der ersten deutschen Straßenbahn.

Der Bw 339 des Einheitstyps B 24, der im Nov. 1964 von der BVG-West nach Roermond in Holland als Klubraum für Rentner **(Forts. S.73)**

Der ehemalige Verbundtriebwagen 3434, Baujahr 1927, wurde aus dem Arbeits-Tw 721 018 (ex A 19^{II}) in seinen letzten Zustand als Personenwagen zurückversetzt und gelangte 1991 zur Museumslinie in Amsterdam. Das Zielschild gehört zur Woltersdorfer Straßenbahn, die Wagennummer entspricht nicht dem Vorbild und ist viel zu groß geraten!

Sammlung
historischer Berliner Straßenbahnwagen

Als fahrfähiges Denkmal in Betrieb
seit 3. Mai 1987

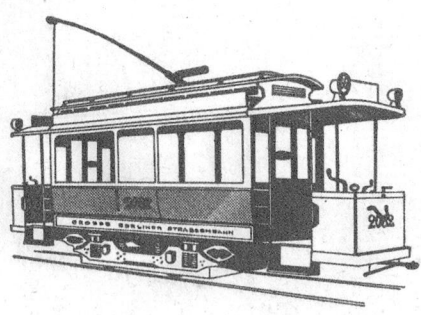

Triebwagen 2082   Baujahr 1901

Deutscher Modelleisenbahn-Verband der DDR (DMV)
Arbeitsgemeinschaft 1/66 Berliner Nahverkehr

BERLIN-GRÜ
1180
03.05.87.-12
20 JAHRE EHRENAMTLICHE DENKMALPFLEGE

DMV AG BERLINER
NAHVERKEHR

40 Berliner Straßenbahn 1910 DDR
TECHNISCHE DENKMALE

Alter Wagen vor neuer Kulisse. Der 1973 als historischer Triebwagen in seinem letzten Einsatzzustand erhaltene Maximum-Tw 5274, gebaut vor dem ersten Weltkrieg, vor den Hochhäusern am neu gestalteten Alexanderplatz, 27. Oktober 1974. Der im Hintergrund seit 1969 aufragende Fernsehturm ist mit 365 Metern das zweithöchste Bauwerk Europas.

Tw 3840 auf Linie 71 mit dem Ziel S-Bf. Jannowitzbrücke kreuzt die Dimitroffstraße im Zuge der Prenzlauer Allee, 1962. Im Hintergrund das städtische Krankenhaus.

Berliner wissen sich immer zu helfen. Hier ein S-Bahn-Ersatzverkehr mit der handschriftlich mittels Kreide auf der Zierleiste an Stirn- und Längsseiten angebrachten Zielangabe: »Ostkreuz–Schönweide/ohne Halt!«

Es gibt auch Streckenabschnitte, die eingleisig verlaufen und in einer Richtung dann auf der linken Seite befahren werden. Hier ein Zug der Linie 83 im Jahre 1987 in Mahlsdorf. Ein altes Bauernhaus wird gerade abgerissen, um Platz für die Verbreiterung der quer verlaufenden Ausfallstraße Alt-Mahlsdorf zu schaffen. Die Eingleisigkeit blieb bestehen.

Oben: Ein Tatra-Zug mit dem führenden Tw 219 089 in der Endschleife Gudrunstraße am Bahnhof Lichterberg, 10. April 1980.
Farbgebung im Lieferzustand.

Unten: Ein Tatra KT4D als Fahrschule im März 1980 im Neubau-
gebiet Marzahn.

Oben: Die ersten Probelackierungen im neuen Farbdesign sahen eine senkrechte Flächenaufteilung vor. Tw 219 009 in der Schnellerstraße an der Rudower Straße auf der Zufahrtstrecke zum Reichsbahnausbesserungswerk Schöneweide.

Unten: Am 30. April 1991 wurde die Verlängerung der Linie 6 in Hellersdorf bis zur Riesaer Straße feierlich eingeweiht. Der Eröffnungs-Großzug aus zwei Triebwagen und einem Beiwagen des neuesten Tatra-Typs T6A2/B6A2 an der Haltestelle Michendorfer Straße.

Oben: Vereinzelt fuhren Straßenbahnen auch mit Ganzreklame als »Pop-Wagen« durch Berlins Straßen. Tw 219 203 an der Endstelle Hirtestraße in Köpenick im Dezember 1990.

Unten: Solange die Fahrzeuge noch die alten EDV-Wagennummern führten, wurden selbst bei Ganzreklame die letzten drei Ziffern für die Rangierer in den Höfen Wei, Mar und Lich an der Seite groß angeschrieben. Hier der Zug 218 114 + 268 212 in der Wendenschloßstraße vor neuen, dem Altberliner Stil etwas angepaßten Plattenbauten, Juni 1991.

Der frühere Tw 35 der Berliner Ostbahnen fungierte nach diversen Umbauten als Oberleitungswagen G 209[III]. Zuletzt erhielt er noch Scharfenbergkupplungen, gelbe Rundumleuchten und die EDV-Nummer 729 501. Foto vom Juni 1987 auf dem Betriebshof Marzahn.

Auf den hinteren Teilen wohl aller Straßenbahndepots befinden sich Gerümpel-Ecken, wo dann auch manch alter Wagen jahrelang unbeachtet herumsteht. Hier der frühere Verbundtriebwagen 3564 als Betriebsschlepper 721 015 ex A 16[III] im Juni 1975. Er entstammte einer Serie von 300 Schützenwagen, die 1927 bis 1929 geliefert worden sind, und wurde 1980 verschrottet.

Der »kleine Bulle« L 12 der Güterbahn Oberschönweide wechselte mehrmals sein Farbkleid. Das Foto zeigt ihn in seinem letzten Erscheinungsbild. Die seit 1901 betriebene elektrische Bahn mit zahlreichen Anschlußgleisen ist inzwischen stillgelegt worden.

Der »Berolina«-Tw 2082 der GBS mit dem dazu passenden Beiwagen 808 ist seit 1987 im Bestand der Museumswagenflotte der Berliner Straßenbahn. Ein Schnappschuß von der Endstelle in Schmöckwitz.

Der Maximum-Vierachser Tw 68 der »Straßenbahnen der Stadt Berlin« ist von der Arbeitsgemeinschaft Verkehrsgeschichte schon 1973 als zweites historisches Fahrzeug dem Publikum vorgeführt worden. Hier fährt er am 21. Juni 1975 durch die Altstadt von Köpenik.

Bei dem zehnfenstrigen Maximum-Tw 2990 der GBS aus dem Jahre 1913 mußte ein Kompromiß hinsichtlich des modernen Stromabnehmerbügels eingegangen werden, um das schöne Fahrzeug im Straßenverkehr auch einsetzen zu können. Hier anläßlich eines Tages der Offenen Tür auf dem Betriebshof Marzahn.

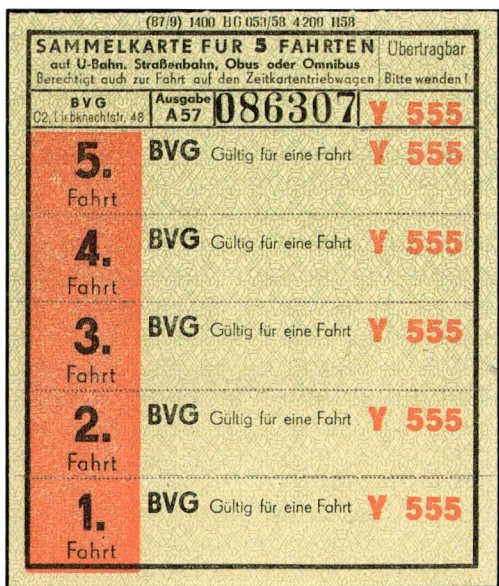

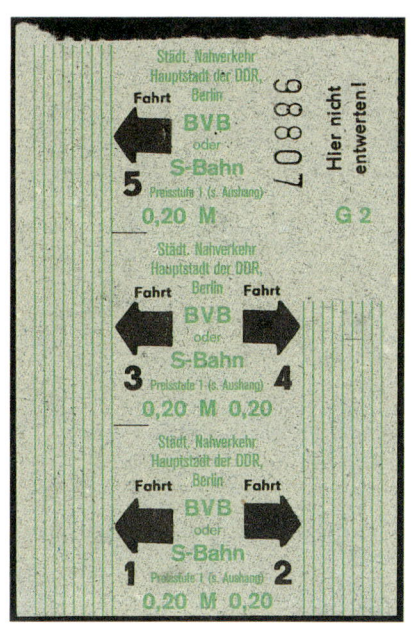

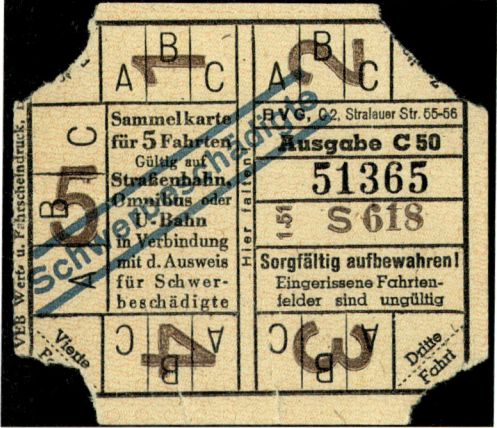

Eine Auswahl von Fahrscheinen 1949–1991.

verschenkt worden war, befand sich ab 1967 dann in einem privaten Museum im niederländischen Weert (Limburg) und zuletzt in Amsterdam. 1991 wurde er nach Berlin zurückgeholt. Als Gegengabe erhielt die »Electrische Museumtramlijn Amsterdam« den Verbund-Tw 3434, der seitdem als Botschafter Berlins an der Amstel seine Runden dreht.

Nach der Wiedervereinigung Berlins wurden die beiden Sammlungen historischer Stadtverkehrsmittel aus Ost und West zusammengeführt.

Die Deutsche Post brachte 1986 in ihrer Serie »Technische Denkmale« eine Briefmarke mit dem Museumswagen 68 heraus und machte so die historischen Fahrzeuge einem Millionenpublikum bekannt.

Anläßlich des 750jährigen Stadtjubiläums Berlins im Jahre 1987 wurde der U-Bahnhof Klosterstraße in der Nähe des Alexanderplatzes denkmalpflegerisch restauriert. Dabei erhielten die Wände anstelle der sonst üblichen Reklameflächen große, künstlerisch gestaltete Tafeln mit Abbildungen der Verkehrsmittel des Berliner städtischen Verkehrs. Die Straßenbahn ist dabei mit 5 Motiven vertreten:

Pferdebahn-Decksitzwagen	835	Baujahr 1889
Maximum-Triebwagen	2990	Baujahr 1910
Umbau-Triebwagen	3061	Umbaujahr 1922/24
Triebwagen Typ T 24	6192	Baujahr 1924
Großraum-Triebwagen	8005	Baujahr 1962.

Bereits zu Denkmalsehren hat es die Straßenbahn gebracht: Diese Sandsteinstele mit Köpenicker Motiven schmückt das Stadtbild in der Oberspreestraße unweit des S-Bahnhofs Spindlersfeld und zeigt unter anderem einen rasant um die Ecke biegenden Tatra-Gelenktriebwagen.

9

Umsetzung von Straßenbahnwagen

derer Städte Straßenbahnen anzutreffen, die einst ihr Leben auf Berliner Gleisen begonnen haben.

Die Übergabe an meist kleinere Betriebe bescherte diesen Wagen ein längeres Leben, und manch ein wertvolles, inzwischen historisches Stück wurde an die Spree zurückgeholt, um als restaurierter Traditionswagen der Nachwelt erhalten zu bleiben.

Den umgekehrten Weg dagegen nahmen nicht so viele Fahrzeuge; eine Umsetzung diente meist nur der Typenreinheit des Wagenparks.

Im Zuge der Modernisierung und Verjüngung des Wagenparks wurden Berliner Straßenbahnwagen auch an andere Betriebe übergeben – ein Verfahren übrigens, das schon in der Pferdebahnzeit üblich war. Daher sind in einer Reihe an-

Vier alte Berliner Triebwagen kamen 1956 nach Cottbus und mußten hier auf 1000 mm umgespurt werden. Sie liefen in der Sorbenstadt immerhin noch 12 Jahre im Liniendienst. Tw 42 ex Berlin 3219 verläßt die Spremberger Straße auf dem Wege zum Bahnhof. Foto aus den sechziger Jahren.

Berliner Straßenbahnwagen in anderen Städten (ohne Güterloren)

Stadt	Abgabe-Jahr	Wagennummern BVG/BVB	Neue Wagennummern	Bemerkungen
Chemnitz (Karl-Marx-Stadt)	1957	Tw 4119, 4121, 4216, 4127, 4129	Bw 633–637	umgespurt auf 925 mm
		Tw 4303	Bw 1076	erstes Normalspur-Fahrzeug, Arbeits-Bw
		Tw 4304	Bw 638	umgespurt auf 925 mm
Cottbus	1956	Tw 3257, 3219, 3224, 3216	Tw 41 - 44	umgespurt auf 1000 mm
	1990	Tw 219 417	Tw 9[III]	umgespurt auf 1000 mm
Dessau	1955	Tw 4352, 4354	Tw 24[II], 25[II]	
	1956	Tw 5596, 5599	Tw 22[II], 23[II]	
	1959	Tw 3243, 3287, 3225, 3260	Tw 24[III], 36[II]–38[II]	
		Tw 3234, 3264, 3282, 3298	nicht eingesetzt	
	1969	Bw 1703, 1705, 1707, 1709, 1714, 1715, 1716	Bw 101[II], 115[II], 106[II], 102[II], 124[II], 105[II]	Bw 106[II] zurück als hist. Bw 1707
Dresden	1969	Bw 1731, 1732, 1739, 1730, 1738, 1727, 1733, 1728, 1737, 1740	Bw 1341 - 1350	
Gera	1989	Tw 219 143, 144	Tw 345, 346	umgespurt auf 1000 mm
Görlitz	1960	Tw 3286	Tw 20	ex Zwickau
		Tw 3296	nicht eingesetzt	ex Zwickau
Halle	1954	Bw 1327, 1359, 1350, 1377, 1358	Bw 761–765	umgespurt auf 1000 mm
Leipzig	1970	Tw 3902–3904, 3906–3909	Tw 1326–1332	
	1971	Bw 1801–1820	Bw 481–500	
Magdeburg	1959	Tw 4292, 4299	Tw 718, 719	Arbeitswagen
	1986	Tw 217, 114, 118, 207		ohne Einsatz verschrottet

Stadt	Abgabe-Jahr	Wagennummern BVG/BVB	Neue Wagennummern	Bemerkungen
Plauen	1957	Tw 4301	Tw 55[II]	umgespurt auf 1000 mm
Potsdam	1956	Tw 5601, 5595 Tw 5600 Tw 5581, 5542, 5527	Tw 114[II], 115 Tw 116 Tw 117–119	
	1961	Bw 1749	Bw 256	Lowa-Dreiachser
	1964	Tw 5249, 5348 Bw 1489, 1488	Tw 125[III], 126[III] Bw 218, 219	
	1970	Tw 3905, 3910	Tw 150, 149	
	1972/73	Bw 267 080, 081, 095, 092, 094, 093, 083, 097 Bw 267 082, 090, 091, 096	Bw 401–408 – –	in Potsdam mit Berliner Nummer eingesetzt
	1985	Tw 217 140, 144, 145 Tw 217 213, 217 Bw 267 001, 010, 013, 018, 017, 016 Bw 267 012, 019	Tw 160, 161[II], 162[II] ohne Einsatz verschrottet Bw 272–277 ohne Einsatz verschrottet	
	1989/90	Tw 219 361–364 219 403–416 .219 522–552	Tw 090–093 045–058 059–089	
	1990	Tw 219 365 219 367–382 219 383 219 384 219 385–396	Tw 0112 095–0110 094 0111 0113–0124	
Rostock	1969	Bw 1723, 1726, 1729, 1734	Bw 128–131	
Schöneiche	1959 1983	Tw 3297 Bw 269 039, 042, 045, 046, 048–050	Tw A3 Bw 108, 107, 142, 106, 109, 141, 110	Arbeitswagen umgespurt auf 1000 mm

Stadt	Abgabe-Jahr	Wagennummern BVG/BVB	Neue Wagennummern	Bemerkungen
Strausberg	1957	Tw 4302, 4305	Tw 2^{II}, 8	1980 hist. Tw 4305 Berlin
	1959	Tw 4120, 4124, 4125	nicht eingesetzt	
	1980/81	Tw 223 019–024	Tw 04, 03, 05, 06, 02, 01	
	1980/81	Bw 269 041, 043, 044, 047	Bw 003, 004, 002, 001	
	1986	Tw 223 025	Tw 07	ex Woltersdorf 39
Woltersdorf	1956	Tw 4362	Tw 6^{II}	hist. Tw Flachbahn 14
	1963	Tw 5644, 5617, 5622, 5611, 5632, 5630	Tw 10 - 15	
	1974	Tw A 125	Tw 2^{II}	Arbeitswagen
	1979	Tw 223 025	Tw 39	1986 nach Strausberg
Zwickau	1956	Tw 3286, 3296	Tw 90, 91	umgespurt auf 1000 mm, 1960 nach Görlitz
	1968	Bw 1735, 1736	Bw 220, 219	umgespurt auf 1000 mm

Straßenbahnwagen aus anderen Städten in Berlin

Stadt	Abgabe-Jahr	Alte Wagennummern	Wagennummern bei BVG/BVB	Bemerkungen
Dresden	1968/69	Tw 1731–1749 Bw 2001–2019	Tw 8035–8053 Bw 3091–3109	später 218 034–052 später 268 090–108
Leipzig	1984	Tw 1301–1308	Tw 219 313–320	
Magdeburg	1969/70	Tw 431–444 Bw 561–574	Tw 8054–8067 Bw 3110–3123	später 218 053–066 später 268109–122
Strausberg	1950	Tw 1 Bw 19		leihweise auf Linie 96 (Ost)
Woltersdorf	1950/51	Tw 3 Bw 23		leihweise auf Linie 96 (Ost)

Güterverkehr

Im Jahre 1982 griffen die BVB eine Tradition aus Kriegszeiten wieder auf: den Gütertransport mit der Straßenbahn. Auslöser war diesmal die weltweite Ölkrise der siebziger Jahre. Es wurden zuerst Fahrten zwischen Schöneweide und Niederschönhausen (für TRO) aufgenommen. Ein Jahr später wurden außerdem Altstoffe (Sekundär-Rohstoffe = »SERO«) transportiert. Eine Linie führte vom Aufbereitungslager Mahlsdorf des VEB SERO am Hultschiner Damm zu einem Lagerplatz am Ufer der Dahme in der Grünauer Straße in Kö-

penick, wo jeden Tag 180 Tonnen in Ballen gepreßtes Altpapier auf Schiffe verladen wurden, um von dort auf dem Wasserwege zur Papierfabrik in Schwedt an der Oder zu gelangen. Für diesen Güterverkehr wurden besondere Gleisanschlüsse hergestellt, wie zum Beispiel in der Schillerstraße in Nordend. Als Fahrzeuge dienten hierfür eigens umgebaute Reko-Triebwagen sowie zweiachsige und vierachsige Loren. 1990 wurden dieser Straßenbahn-Güterverkehr wieder eingestellt und die Gleisanschlüsse stillgelegt.

Der zweite, viel ältere Betriebsteil für Güterverkehr der BVG-Ost war die 5,5 Kilometer lange Anschlußbahn Oberschöneweide - Rummelsburg (»Bullenbahn«), die die BVG ursprünglich von den Berliner Ostbahnen »geerbt« hatte. Bei diesem Betriebsteil handelt es sich um eine reine Güter-Eisenbahn, die mit vier elektrischen Vollbahnlokomotiven betrieben wurde und auch nicht auf Straßenbahn-Gleisen verkehrte. Die Anschlußbahn wurde am 1. Januar 1969 von den BVB in das Kombinat VEB Auto Trans übergeführt. Seit 1988 gehörte sie dem VEB Binnenhafen Berlin (nach der Wende BEHALA Osthafen Berlin).

Ein sogenannter »Sero-Zug« mit Altpapierballen in Köpenick auf der Fahrt zur Schiffsverladestelle in der Grünauer Straße. Tw 721 049 mit zwei Loren im Jahre 1988.

Die Lokomotiven der Güterbahn Schöneweide-Rummelsburg
(»Bullenbahn«) wurden nach »Großen Bullen« (vierachsig, vorn im
Bild) und »Kleinen Bullen« (zweiachsig, hinten) unterschieden. Die
38,9 Tonnen schweren Großen Bullen konnten einen Güterzug mit
48 Achsen und 25 km/h Geschwindigkeit ziehen. Die Lok L 22 befindet sich gegenwärtig im Klein- und Privatbahnmuseum in
Gramzow in der Uckermark; die kleinere L 12 kam in das Eisen-
bahn- und Technikmuseum nach Prora auf Rügen.

11

Betriebshöfe und Werkstätten

Nach der Trennung der Verwaltungen im August 1949 standen der BVG-Ost zunächst 6 (später 7) Betriebshöfe zur Verfügung, die alle noch aus der Zeit der jeweiligen Ursprungsgesellschaften stammten. Einige dieser Anlagen wiesen bemerkenswerte Besonderheiten auf.

So galt der 1913 in der Siegfriedstraße in **Lichtenberg** von der Großen Berliner Straßenbahn eröffnete 42 000 Quadratmeter große Betriebshof 24 mit einer Unterbringungskapazität von 540 Wagen auf 5,5 Kilometer überdachten Gleisen als größter Straßenbahnhof der Welt. Die Wagenlänge betrug damals zwischen 8 und 11 Meter. Im Jahre 1977 wurde der Betriebshof Lichtenberg um eine großräumige Freiluft-Aufstellanlage mit über 25 Gleisen erweitert.

Für den Inselbetrieb Teltow–Machnower Schleuse (Linie 96) benutzte die BVG-Ost das Gelände des früheren Betriebshofes der Teltower Kreisbahnen in **Stahnsdorf**. Im Jahre 1950 wurde hier eine provisorische Holzhalle errichtet, die bis zur Einstellung dieser Linie im November 1961 als Depot diente.

Da die Hauptwerkstatt Uferstraße der Straßenbahn sich im französischen Sektor befand, konnte sie nach der Betriebstrennung die Fahrzeuge des östlichen Teilbetriebes nicht mehr betreuen. So wurden die Hauptuntersuchungen bis 1950 u. a. im **Transformatorenwerk Oberschöneweide** (TRO), Wilhelminenhofstraße und bei Lowa in Johannisthal, vorgenommen.

Anfang der fünfziger Jahre wurden Straßenbahnwagen der BVG-Ost auch im **LEW Hennigsdorf** repariert. Hierzu wurden sie von dem ei-gens für den Schlepptransport mit Bügel- und Stangenbetrieb ausgerüsteten Arbeitswagen A 277 durch die Westsektoren bis zur Endstelle Johannesstift in Spandau (britischer Sektor) gebracht und dort auf einen LEW-eigenen vierachsigen Niederbordwagen verladen. Anschließend wurden sie mit einer Akkulok auf dem Gleis der Osthavelländischen Eisenbahn bis nach Hennigsdorf gefahren. Ein sehr umständliches Verfahren, aber die Grenzen waren ja noch offen. Dieser Spezial-Arbeits-Triebwagen existiert noch und ist inzwischen der historische Tw 10 der »Cöpenicker Straßenbahn« geworden.

Die Aufgaben einer Hauptwerkstatt übernahm ab 1957 das **Reichsbahn-Ausbesserungswerk Schöneweide (Raw Sw)**. Hier wurden übrigens ab 1959 auch Hunderte von Reko-Wagen unter Verwendung alter elektrischer Ausrüstungen und anderer Teile gebaut.

Als im September 1976 die ersten TATRA-Wagen in Berlin eintrafen, wurden sie zunächst im Betriebshof **Weißensee** beheimatet. Der Hof wurde entsprechend hergerichtet.

Die Planung in den siebziger Jahren sah vor, in der Straße An der Wuhlheide am westlichen Rand von Köpenick einen neuen zentralen Betriebshof mit Werkstätten zu errichten und dafür die veralteten Höfe **Nalepastraße** (Oberschöneweide) und **Köpenick** (Wendenschloßstraße) stillzulegen. Doch mit dem Entstehen der Großwohnbereiche Marzahn und Hellersdorf im Nordosten der Stadt verlagerte sich der Straßenbahnverkehr in starkem Maße in diese Bezirke. Daher entschloß man sich, hier am Stadtrand einen neuen großen Straßenbahnbetriebsbahnhof zu bauen. Im April 1981 begannen die Bauarbeiten auf dem 10,7 Hektar großen früheren Schafweide. Am 1. April 1985 fuhren die ersten Straßenbahnen vom neuen Betriebshof **Marzahn** zu ihrem Linieneinsatz. Die Fertigstellung des gesamten **»BT« (= Betriebsteil) Marzahn** zog sich bis Dezember 1988 hin. Die Freiluft-Abstellanlage umfaßt 25 Gleise. In der 87 mal 164 Meter großen Instandsetzungshalle sind 10 Gleise verlegt, alles zusammen 10 Kilometer Gleislänge. Der Hof ist für eine Kapazität von 300 Fahrzeugen ausgelegt. Im Sommer 1990 waren hier 131 Kurzgelenkwagen Tatra KT4D, 91 Großraum-Triebwagen T6A2 und 47 Großraum-Beiwagen B6A2 be-

Anfang der fünfziger Jahre wurden noch vereinzelt Fahrzeuge der BVG-Ost zur Reparatur in die Lokomotiv- und Elektrotechnischen Werke (LEW) nach Hennigsdorf nordwestlich von Berlin geschafft. Dabei mußten sie über die Gleise der BVG-West durch die Westsektoren geschleppt werden. Dies geschah durch den Arbeits-Tw A 277, der eigens hierfür mit einem im Westen bereits eingeführten Pantographen und mit einer zweiten Stromabnehmerstange ausgerüstet wurde. Am Bf. Johannesstift der OHE wurden die Straßenbahnwagen auf Transportfahrzeuge des LEW geladen und mittels einer Akkulok zum Werk gezogen. Sie passierten also einmal die Sektoren- und einmal die Zonengrenze, ein sehr umständliches Verfahren, das nicht lange beibehalten wurde. Aus dem A 277 entstand dann 1969 der bis heute existierende erste «Traditionswagen» Ost-Berlins, der Tw 10 der Städtischen Straßenbahn Cöpenick.

Der historische Straßenbahnhof Köpenick aus dem Jahre 1903 steht heute unter Denkmalschutz. Er bildet das Rückgrat des südöstlichen Berliner Straßenbahnnetzes.

Der 1913 erbaute Betriebshof Lichtenberg (»Lich«) mit 5,5 Kilometer überdachten Gleisen war jahrzehntelang der größte Straßenbahnhof Berlins. Auch der von 1951 bis 1973 bestehende Obusbetrieb war hier untergebracht.

Dieses Foto darf man durchaus als »brisant« einstufen. Es wurde von einem amerikanischen Captain und Straßenbahnfreund, Angehöriger der »Pictorial Section, Signal Division« des Berlin Command, aus einem Flugzeug oder Hubschrauber aufgenommen, das in das Gebiet des Ostsektors geflogen war, und zeigt einen Teil des Betriebshofs »Tre« in der Elsenstraße, 500 Meter von der Sektorengrenze entfernt. Die Aufnahme entstand 1963, als die Mauer schon zwei Jahre stand!

heimatet. Die Gelenkwagen sind 19 Meter lang, die übrigen Vierachser 15 Meter. Der »BT Mar« umfaßt neben der Instandsetzungshalle auch einen Anbau für Maschinen und Geräte für Reparaturarbeiten an Straßenbahnwagen, ein Mehrzweck- und ein Betriebsgebäude sowie ein zusätzliches Gleis für Bremsprüfungen, welches Bremsproben für alle Straßenbahnfahrzeuge außerhalb des öffentlichen Gleisnetzes ermöglicht. Die Anlage wurde von Betrieben aus Leipzig, Oelsnitz und Zwickau errichtet, unter Mitarbeit zukünftiger Bauingenieure aus Nicaragua.

Die Betriebshöfe der BVG-Ost/BVB

Betriebshof	Standort	Verkehrsbetrieb	eröffnet	geschlossen	Bemerkungen
Treptow (Tre)	Elsenstraße	GBS	1899	1973	1973 - 1991 Weiterbenutzung als Omnibushof
Niederschönhausen (Nie)	Kaiser-Wilhelm-Straße (heute Blankenfelder Straße)	GBS	1901	–	
Nalepastraße (Na)	Oberschöneweide, Nalepastraße	Berliner Ostbahnen	1901	–	
Köpenick (Köp)	Marienstraße (heute Wendenschloßstraße)	Städtische Straßenbahn Cöpenick	1903	–	
Stahnsdorf (Sta)	Hauptstraße (heute Wilhelm-Külz-Straße)	Teltower Kreisbahnen	1907	1961	heute Havelbus Potsdam, Omnibushof Stahnsdorf
Weißensee (Wei)	Bernkasteler Straße	GBS	1912	–	
Lichtenberg (Lich)	Siegfriedstraße	GBS	1913	–	von 1951–1973 auch Obus-Betriebshof, ab 1972 auch Omnibus-Betriebshof
Marzahn (BT Mar)	Leninallee (heute Landsberger Allee)	BVB	1985		

Daneben gab es noch das Gleislager in der **Kniprodestraße** (später Artur-Becker-Straße), ein ehemaliger Betriebshof, der von 1908 bis 1923 bestand.

Der frühere Betriebshof **Schmöckwitz** in der Berliner Straße (heute Adlergestell), genutzt 1912–1926 und 1945–1948, dient heute dem Denkmalpflege-Verein Nahverkehr Berlin als Werkstatt für die historischen Fahrzeuge.

12

»MACHORKA-EXPRESS« – eine Straßenbahnlinie der Besatzungsmacht

Von den vier Besatzungsmächten, die Groß-Berlin 1945 unter sich aufgeteilt hatten, betrieben die USA und die UdSSR in ihrem Sektor neben Omnibussen auch je eine Straßenbahnlinie. Während die Amerikaner einen Triebwagen, den sie in ihrer olivgrünen Armeefarbe gestrichen hatten, zwischen der Hauptstraße in Schö-

neberg und Grazer Platz pendeln ließen, veranlaßte die Rote Armee die Einrichtung einer Linie zwischen ihrem Hauptquartier in Karlshorst und einer großen Außenstelle im Sperrgebiet Köpenick-Wendenschloß, die am 4. September 1946 eröffnet wurde. In Karlshorst wurden in der Dönhoffstraße sogar besondere Gleise für die Endstelle verlegt. Es kamen Wagen in BVG-Farben zum Einsatz, nachdem die sowjetische Kommandantur zuerst zehn rotlackierte Triebwagen gefordert hatte. Schaffner und Fahrer wurden von der BVG gestellt.

Mit zunehmender Beschaffung eigener Kraftfahrzeuge für die Sowjetische Militäradministration wurden die Wagen dieser »Machorka-Express« genannten Linie, die im 15-Minuten-Abstand verkehrten, 1948 auch für deutsche Fahrgäste freigegeben. Am 11. Dezember 1949 wurde die Linie schließlich eingestellt.

Tw 3410 der Sonderlinie für die Sowjetische Militäradministration in der Wilhelminenhofstraße in Oberschöneweide. Das Ziel »Karlshorst« ist, wie damals üblich, zuerst in Russisch und darunter in Deutsch angegeben.

Linienchronik

Zur Geschichte der BVG-Ost/BVB gehört natürlich auch eine Linienchronik für den Zeitraum vom 1. August 1949 bis 31. Dezember 1991. Da je-

doch eineinhalb Jahre später, am 23. Mai 1993, eine völlige Umstrukturierung des Berliner Straßenbahnnetzes stattfand – fast sämtliche Straßenbahnlinien erhielten neue Liniennummern und andere Endstellen – und bisher auch eine Linienchronik für die Zeit von Mai 1945 bis August 1949 für den Ostteil Berlins fehlte, haben sich die Verfasser entschieden, für die Linienchronik den abgeschlossenen Zeitraum Mai 1945 bis Mai 1993 zu wählen. Vor der Spaltung der BVG 1949 wurde nur der Teil einbezogen, der die Linien im Ostsektor betrifft. Streckenverkürzungen an Sonntagen wurden nicht berücksichtigt.

Als Stillegungsdatum einer Linie wird nicht der letzte Betriebstag, sondern der erste Tag, an dem die Linie nicht mehr verkehrte, angegeben.

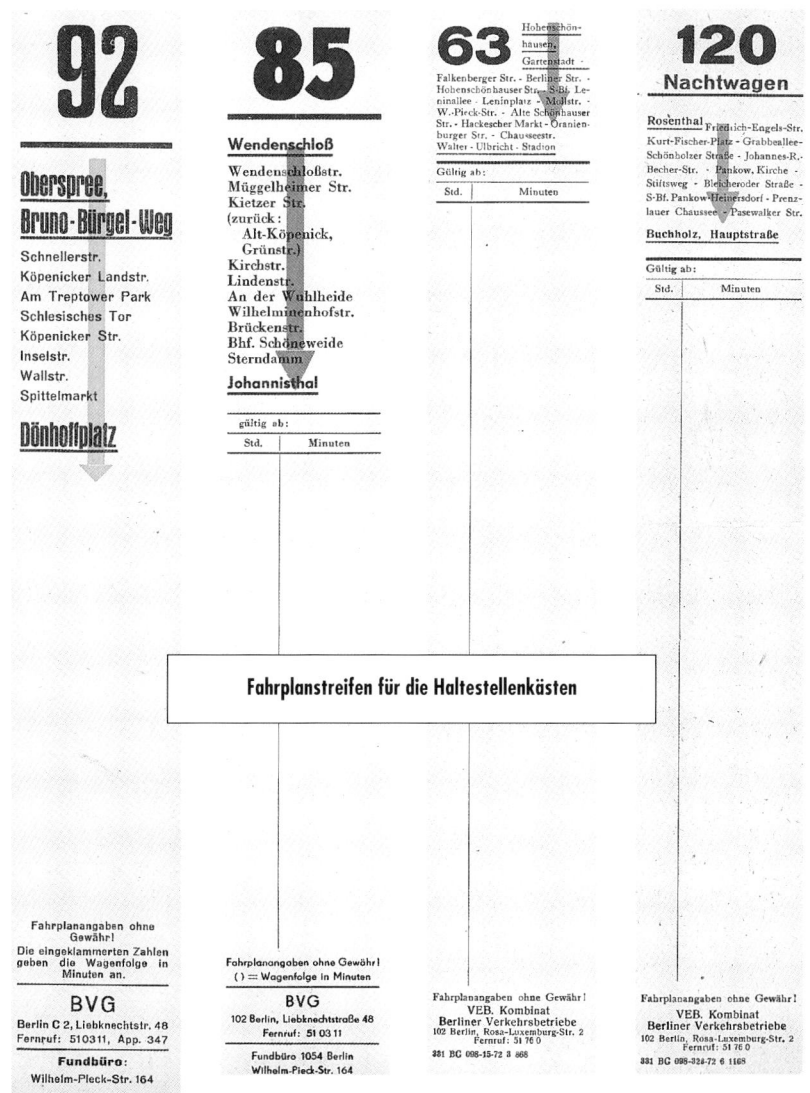

92

**Oberspree,
Bruno-Bürgel-Weg**

Schnellerstr.
Köpenicker Landstr.
Am Treptower Park
Schlesisches Tor
Köpenicker Str.
Inselstr.
Wallstr.
Spittelmarkt

Dönhoffplatz

Fahrplanangaben ohne Gewähr!
Die eingeklammerten Zahlen geben die Wagenfolge in Minuten an.

BVG

Berlin C 2, Liebknechtstr. 48
Fernruf: 510311, App. 347

Fundbüro:
Wilhelm-Pieck-Str. 164

(21a) Y 241 25,3 812

85

Wendenschloß

Wendenschloßstr.
Müggelheimer Str.
Kietzer Str.
(zurück:
Alt-Köpenick,
Grünstr.)
Kirchstr.
Lindenstr.
An der Wuhlheide
Wilhelminenhofstr.
Brückenstr.
Bhf. Schöneweide
Sterndamm

Johannisthal

gültig ab:

Std.	Minuten

Fahrplanangaben ohne Gewähr!
( ) = Wagenfolge in Minuten

BVG

102 Berlin, Liebknechtstraße 48
Fernruf: 51 03 11

Fundbüro 1054 Berlin
Wilhelm-Pieck-Str. 164

63

Hohenschön-
hausen,
Gartenstadt -
Falkenberger Str. - Berliner Str. -
Hohenschönhauser Str. - S-Bf. Le-
ninallee - Leninplatz - Mollstr. -
W.-Pieck-Str. - Alte Schönhauser
Str. - Hackescher Markt - Oranien-
burger Str. - Chausseestr. -
Walter - Ulbricht - Stadion

Gültig ab:

Std.	Minuten

Fahrplanangaben ohne Gewähr!
VEB. Kombinat
Berliner Verkehrsbetriebe
102 Berlin, Rosa-Luxemburg-Str. 2
Fernruf: 51 76 0

331 BG 098-15-72 3 868

120
Nachtwagen

Rosenthal, Friedrich-Engels-Str. -
Kurt-Fischer-Platz - Grabbeallee -
Schönholzer Straße - Johannes-R.-
Becher-Str. - Pankow, Kirche -
Stiftsweg - Blecheroder Straße -
S-Bf. Pankow-Heinersdorf - Prenz-
lauer Chaussee - Pasewalker Str.

Buchholz, Hauptstraße

Gültig ab:

Std.	Minuten

Fahrplanangaben ohne Gewähr!
VEB. Kombinat
Berliner Verkehrsbetriebe
102 Berlin, Rosa-Luxemburg-Str. 2
Fernruf: 51 76 0

331 BG 098-324-72 6 1108

Fahrplanstreifen für die Haltestellenkästen

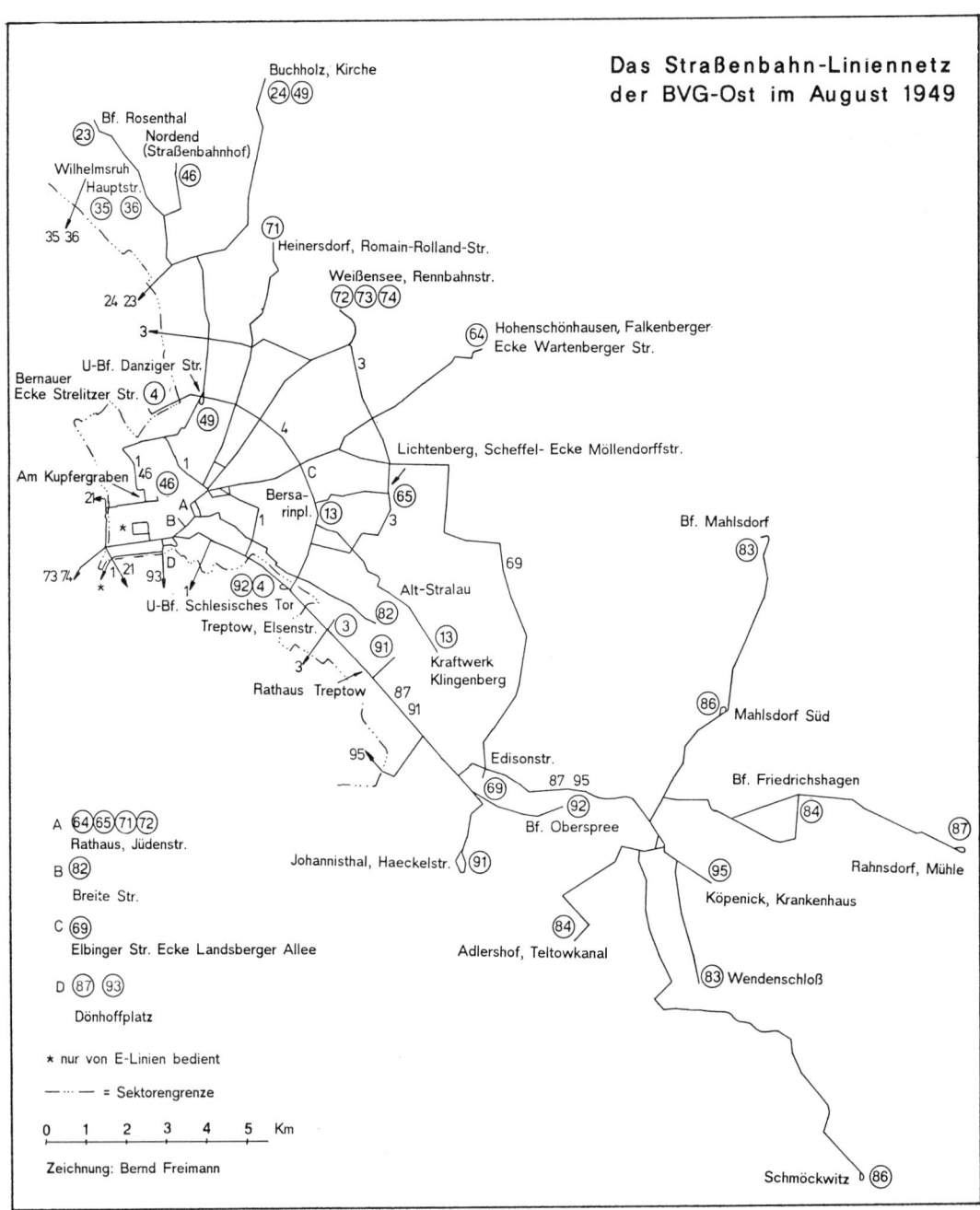

Das Straßenbahn-Liniennetz
der BVG-Ost im August 1949

Buchholz, Kirche
24 49

Bf. Rosenthal
23 Nordend
(Straßenbahnhof)
Wilhelmsruh 46
Hauptstr.
35 36
35 36

24 23

3

U-Bf. Danziger Str.
Bernauer
Ecke Strelitzer Str. 4
49
Am Kupfergraben 1 46
2 21 46
A
★ B
73 74 21 D
★ 93
92 4
U-Bf. Schlesisches Tor
Treptow, Elsenstr.
3
3
Rathaus Treptow

71
Heinersdorf, Romain-Rolland-Str.

Weißensee, Rennbahnstr.
72 73 74

64 Hohenschönhausen, Falkenberger
Ecke Wartenberger Str.

3

Lichtenberg, Scheffel- Ecke Möllendorffstr.

C
Bersa-
rinpl. 13
65
3

69

Alt-Stralau
82
91
13
Kraftwerk
Klingenberg

87
91

95

Edisonstr.
69 87 95
92
Bf. Oberspree

Bf. Mahlsdorf
83

86 Mahlsdorf Süd

Bf. Friedrichshagen
84
87

95
Köpenick, Krankenhaus

Johannisthal, Haeckelstr. 91
Rahnsdorf, Mühle

A 64 65 71 72
Rathaus, Jüdenstr.

B 82
Breite Str.

C 69
Elbinger Str. Ecke Landsberger Allee

D 87 93
Dönhoffplatz

84
Adlershof, Teltowkanal

83 Wendenschloß

★ nur von E-Linien bedient

—··— = Sektorengrenze

0 1 2 3 4 5 Km

Zeichnung: Bernd Freimann

Schmöckwitz 86

86

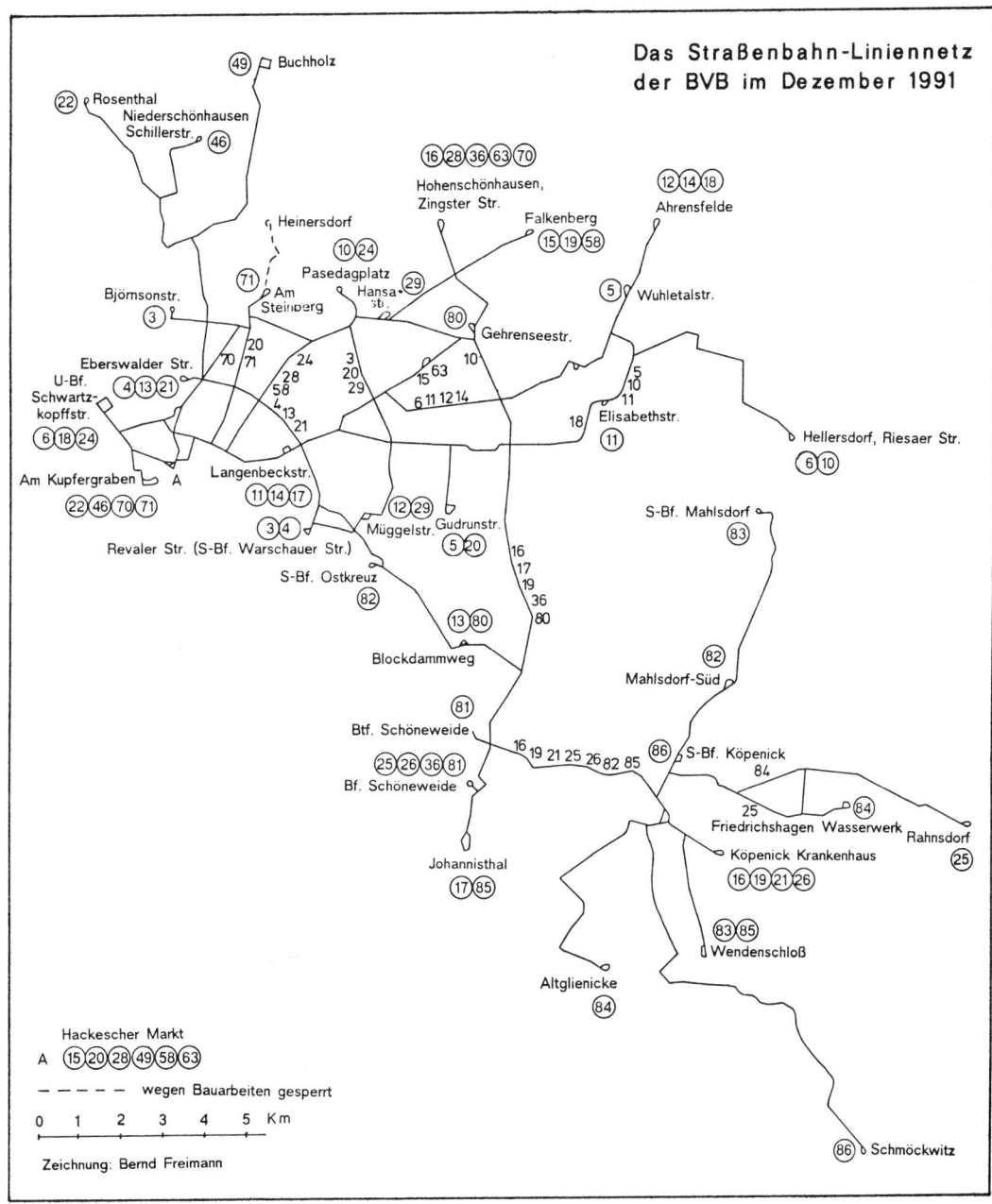

Das Straßenbahn-Liniennetz der BVB im Dezember 1991

Zeichnung: Bernd Freimann

Linie 1

24.08.1945	Anhalter Bahnhof–Hackescher Markt (als Omnibus)
26.10.1945	wie oben (als Straßenbahn)
24.06.1946	Hallesches Tor–Hackescher Markt
08.06.1947	Moritzplatz–Hackescher Markt
22.07.1947	Stadtring (Umsteigen an der Schillingbrücke)
10.12.1947	wie oben (ohne Umsteigen)
08.07.1948	Hallesches Tor–Schillingbrücke (Blockade)
10.03.1949	Kupfergraben–Schillingbrücke
12.05.1949	Stadtring (Ende der Blockade)
16.01.1951	Charlottenstraße–Hallesches Tor
03.03.1952	I. Charlottenstraße–Alexanderplatz, Elisabethstraße
	II. Andreas- E. Blumenstraße–Hallesches Tor (Umgestaltung der Stalinallee)
16.06.1952	I. Kupfergraben–Alexanderplatz, Elisabethstraße
	II. wie oben
15.01.1953	I. wie oben
(nachm.)	II. Andreas- E. Blumenstraße–Köpenicker E. Neanderstraße (Straßenbahn-Spaltung)
16.01.1953	Teil II eingestellt
17.05.1954	Kupfergraben–Schillingbrücke
10.06.1961	Kupfergraben–Heinrich-Heine-Straße E. Dresdener Straße
23.08.1961	Kupfergraben–Heinrich-Heine-Straße E. Köpenicker Straße (Errichtung der Grenzmauer)
19.09.1961	Kupfergraben–Schillingbrücke
24.12.1961	Kupfergraben–Ostbahnhof
17.12.1962	Hannoversche Straße–Ostbahnhof
11.04.1965	Walter-Ulbricht-Stadion–Ostbahnhof
10.10.1966	eingestellt (Umgestaltung des Alexanderplatzes)

Auf dem noch verbliebenen Reststück des ehemaligen Stadtrings – der Linie 1 – verkehrten zuletzt meist nur noch Solo-Triebwagen. Obwohl die Endstelle mit »Kupfergraben« ausgewiesen ist, wendet der Tw 3603 im Sommer 1960 vor der Rampe zum Lindentunnel an der Clara-Zetkin-Straße. Der sehr nützliche Straßenbahntunnel Unter den Linden war am 3. September 1951 geschlossen worden.

Linie 3 (West/Ost-Linie)

16.02.1948	Seestraße, Friedhöfe–Lichtenberg, Gürtelstraße (vormals 8) (West-Linienteile unberücksichtigt)
01.10.1948	Seestraße, Friedhöfe–Treptow, Elsenstraße
19.01.1951	Grüntaler Straße E. Osloer Straße–Treptow, Elsenstraße
13.10.1952	Grüntaler Straße E. Osloer Straße–Warschauer Straße E. Mühlenstraße
16.01.1953	Björnsonstraße E. Bornholmer Straße–Warschauer Straße E. Mühlenstraße (Straßenbahn-Spaltung)
13.08.1961	Björnsonstraße E. Bornholmer Straße–S-Bf. Warschauer Straße (Sperrmaßnahmen vom 13. August)
05.06.1965	Björnsonstraße E. Bornholmer Straße–Revaler Straße
18.12.1967	Björnsonstraße E. Bornholmer Straße–Walter-Ulbricht-Stadion
19.10.1968	Björnsonstraße E. Bornholmer Straße–Revaler Straße
23.05.1993	eingestellt (Netz-Neustrukturierung)

Die östliche Endstelle der Linie 3 befand sich mitten auf der Warschauer Straße. Blick aus dem Stellwerk des U-Bahnhofs Warschauer Brücke in Richtung Oberbaumbrücke, etwa ein Jahr vor Errichtung der Mauer.

Linie 4

01.07.1945	Stettiner Bahnhof–Warschauer Brücke (als Omnibus)
03.07.1945	Stettiner Bahnhof–Schlesisches Tor (als Omnibus)
26.09.1945	I. Strelitzer Straße E. Bernauer Straße–Danziger Straße E. Prenzlauer Allee
	II. Danziger Straße E. Prenzlauer Allee–Elbinger Straße E. Greifswalder Straße (als Omnibus)
	III. Elbinger Straße E. Greifswalder Straße–Warschauer Brücke
20.10.1945	Strelitzer E. Bernauer Straße–Warschauer Brücke
13.09.1948	Strelitzer E. Bernauer Straße–Schlesisches Tor
03.09.1951	Strelitzer E. Bernauer Straße–Treptow, Elsenstraße
15.12.1951	Eberswalder E. Oderberger Straße–Treptow, Elsenstraße
02.01.1952	Eberswalder E. Oderberger Straße–Wiener Brücke
13.10.1952	Eberswalder E. Oderberger Straße–Warschauer E. Mühlenstraße
11.01.1965	Eberswalder E. Oderberger Straße–Revaler Straße
28.08.1967	Eberswalder E. Oderberger Straße–Wallnerstraße
19.10.1968	Eberswalder E. Oderberger Straße–Dönhoffplatz
01.07.1969	Eberswalder E. Oderberger Straße–Revaler Straße
23.05.1993	eingestellt (Netz-Neustrukturierung)

Linie 4E

13.10.1952	Schillingbrücke–Wiener Brücke
16.01.1953	eingestellt (Straßenbahn-Spaltung)

Blick über die Mauer an der Bernauer Straße (Westsektor) auf die alte Endschleife der Linien 4 und 13 in der Eberswalder Straße (Ostsektor) am 14. Juni 1966. Auch mit Lesestoff im Großformat wurde der »Mauergucker« versorgt.

Wer hat hier wen auf die Hörner genommen? Am 15. Februar 1964 um 14.08 Uhr hat es in der Dimitroffstraße an der Ecke Braunsberger Straße gekracht. Neben Sachschaden gab es eine leicht verletzte Person. Die Verkehrsstörung dauerte 50 Minuten.

Linie 5

01.09.1986	Lichtenberg, Gudrunstraße–Marzahn, Henneckestraße (nur Mo-Fr HVZ)
23.05.1993	eingestellt

Linie 6

01.04.1985	Langenbeckstraße–Betriebshof Marzahn
02.05.1990	Kupfergraben–Betriebshof Marzahn
10.11.1990	Stadion der Weltjugend–Betriebshof Marzahn
01.05.1991	Stadion der Weltjugend–Hellersdorf, Riesaer Straße
23.05.1993	Netz-Neustrukturierung; diese Linie behält ihre Liniennummer

Ein 19 Meter hoher W. I. Lenin sah am gleichnamigen Platz auf die drei Tatra-Wagen der Linie 6 herab. Das aus rotem ukrainischem Granit gefertigte Monument, ein Werk des sowjetischen Künstlers Nikolai W. Tomski, war am 19. April 1970 durch W. Ulbricht eingeweiht worden. Es wurde nach der Wende entfernt. Foto vom 13. Mai 1990.

Linie 8 (West/Ost-Linie)

24.01.1946	Seestraße, Friedhöfe–Lichtenberg, Gürtelstraße (West-Linienteil unberücksichtigt)
16.02.1948	eingestellt (vereinigt mit 3)

Linie 10

06.12.1982	S-Bf. Marzahn–Betriebshof Marzahn (im Bau) (als Omnibus) (nur W)
01.04.1985	Betriebshof Weißensee–Betriebshof Marzahn
15.10.1990	Weißensee, Pasedagplatz–Betriebshof Marzahn
01.05.1991	Weißensee, Pasedagplatz–Hellersdorf, Riesaer Straße
23.05.1993	eingestellt (Netz-Neustrukturierung)

Linie 11

01.10.1955	Hannoversche Straße–Köpenicker Straße E. Adalbertstraße
1961	Hannoversche Straße–Heinriche-Heine-Straße E. Schmidstraße
02.01.1962	Kupfergraben–Heinrich-Heine-Straße E. Schmidstraße
25.08.1966	Kupfergraben–Dönhoffplatz
02.01.1967	eingestellt

17.03.1980	Stadion der Weltjugend–S-Bf. Marzahn
06.10.1982	Stadion der Weltjugend–Biesdorf, Elisabethstraße
13.02.1989	Kupfergraben–Biesdorf, Elisabethstraße
02.05.1990	Langenbeckstraße–Biesdorf, Elisabethstraße (nur Mo-Fr)
28.10.1991	(nur Mo-Fr HVZ)
23.05.1993	eingestellt (Netz-Neustrukturierung)

Ein Zug der Linie 11 in der Memhardstraße an der Kleinen Alexanderstraße unweit des Alexanderplatzes im Jahre 1966 auf der Fahrt zum Dönhoffplatz.

Linie 12

17.03.1980	Müggelstraße (Bf. Frankfurter Allee)–S-Bf. Marzahn
06.10.1982	Müggelstraße–Marzahn, Henneckestraße
06.10.1986	Müggelstraße–Ahrensfelde
05.04.1993	eingestellt (wegen Bauarbeiten)

Die Endstelle Ahrensfelde für die Linien 12, 14 und 18 lag als einzige im Berliner Straßenbahnnetz außerhalb der Stadtgrenze Berlins. Aufnahme vom September 1988.

Linie 13

25.02.1946	Lichtenberg, Karlshorster Straße–Kraftwerk Klingenberg
01.04.1946	Königsberger Straße–Kraftwerk Klingenberg
24.02.1947	Lichtenberg, Marktstraße–Kraftwerk Klingenberg (Stromeinsparung)
17.03.1947	Königsberger Straße–Kraftwerk Klingenberg
01.09.1947	Bersarinplatz–Kraftwerk Klingenberg
01.05.1950	Dimitroffstraße E. Leninallee–Kraftwerk Klingenberg
15.12.1952	Eberswalder E. Oderberger Straße–Kraftwerk Klingenberg
25.06.1964	Eberswalder E. Oderberger Straße–Blockdammweg E. Hönower Wiesenweg
24.07.1971	(nur Mo-Fr)
23.05.1993	eingestellt (Netz-Neustrukturierung)

In den frühen fünfziger Jahren zeigten die Straßenbahnwagen der BVG-Ost noch weitgehend ihr altes Erscheinungsbild. Ein Zug der Linie 13 in der Dimitroffstraße kreuzt die Greifswalder Straße.

Linie 14

01.05.1950	Bersarinplatz–Lichtenberg, Rosenfelder Straße
18.09.1950	Bersarinplatz–Lichtenberg, Siegfriedstraße
05.03.1951	Bersarinplatz–Lichtenberg, Scheffelstraße
15.01.1953	Bersarinplatz–Lichtenberg, Rosenfelder Straße (teilweise Umstellung auf Obus-Betrieb–Linie O14)
27.03.1953	eingestellt (Umstellung auf Obus-Betrieb–Linie O30)
31.03.1975	Artur-Becker-Straße–Hohenschönhausen, Degnerstraße (nur Mo-Fr HVZ)
02.10.1979	eingestellt
06.10.1982	Langenbeckstraße–Marzahn, Henneckestraße
06.10.1986	Langenbeckstraße–Ahrensfelde
02.05.1990	Mollstraße bzw. Langenbeckstraße–Ahrensfelde (ab/bis Mollstraße nur Mo-Fr HVZ)
28.10.1991	Langenbeckstraße–Ahrensfelde
23.05.1993	eingestellt (Netz-Neustrukturierung)

Die Linie 14 bestand in dieser Form noch nicht einmal drei Jahre, dann wurde sie 1953 auf Obus-Betrieb umgestellt. Tw 3605 in der Stalinallee Ecke Rosenfelder Straße am Bahnhof Lichtenberg im Jahre 1952 mit dem Ziel Bersarinplatz. Kein Auto behinderte die Straßenbahn.

Linie 15

01.10.1973	Kniprodestraße–Lichtenberg, Siegfriedstraße bzw. Bf. Schöneweide (nur Mo-Fr HVZ)
02.11.1975	Hackescher Markt–Lichtenberg, Gudrunstraße
28.04.1979	(nur Mo-Fr HVZ)
10.12.1983	Langenbeckstraße–Lichtenberg, Gudrunstraße (nur Mo-Fr HVZ)
01.07.1985	eingestellt (wegen Bauarbeiten)
20.08.1988	Langenbeckstraße–Falkenberg
02.12.1989	Hackescher Markt–Falkenberg
23.05.1993	eingestellt (Netz-Neustrukturierung)

Ein frisch lackierter Zug, bestehend aus einem Reko-Triebwagen und einem Großraum-Beiwagen wartet an der wieder in Betrieb genommenen Endstelle »Bf. Bln.-Lichtenberg« in der Gudrunstraße am 2. November 1975.

Linie 16

13.05.1985   Hohenschönhausen, Gehrenseestraße–Köpenick, Krankenhaus (nur Mo-Fr HVZ)
08.10.1985   Hohenschönhausen, Zingster Straße–Köpenick, Krankenhaus (nur Mo-Fr HVZ)
02.12.1985   (nur Mo-Fr)
28.03.1986   täglich (Sa + So verkürzt)
23.05.1993   eingestellt (Netz-Neustrukturierung)

Ein Großraumzug der Linie 16 fährt am 19. März 1985 in die großzügig angelegte Haltestelle am S-Bahnhof Friedrichsfelde-Ost ein.

Linie 17

24.08.1970   Kniprodestraße–Johannisthal
                      (vormals 69 E)
01.10.1973   Hackescher Markt–Johannisthal
02.11.1975   Stadion der Weltjugend–Johannisthal
06.04.1979   Langenbeckstraße–Johannisthal
23.05.1993   eingestellt (Netz-Neustrukturierung)

»Eröffnungsfahrt« lautet das Zielschild dieses Zuges der Linie 17. Gemeint ist die Eröffnung der Neubaustrecke zwischen der Herzbergstraße und der Allee der Kosmonauten in Lichtenberg am 2. November 1975.

In der engen Altstadt von Köpenick ist ein Abbiegen für die Straßenbahn nur mittels einer ungewöhnlichen Gleisanordnung möglich. Ein Zug der Linie 19 biegt auf der Fahrt zum Krankenhaus Köpenick aus der Grünstraße in die Kietzer Straße ein. Aufnahme April 1980.

Linie 18

06.04.1979	Stadion der Weltjugend–Biesdorf, Elisabethstraße
06.10.1982	Stadion der Weltjugend–Marzahn, Henneckestraße
06.10.1986	Stadion der Weltjugend–Ahrensfelde
23.05.1993	eingestellt (Netz-Neustrukturierung)

Linie 19

02.12.1968	Kniprodestraße–S-Bf. Köpenick, Hirtestraße (vormals 69 E) (nur Mo-Fr HVZ)
01.11.1972	Kniprodestraße–Köpenick, Krankenhaus (nur Mo-Fr HVZ)
06.10.1982	Langenbeckstraße–Köpenick, Krankenhaus (nur Mo-Fr HVZ)
01.07.1985	Müggelstraße (Bf. Frankfurter Allee)–Köpenick, Krankenhaus (nur Mo-Fr HVZ)
28.10.1991	Falkenberg–Köpenick, Krankenhaus (nur Mo-Fr HVZ)
23.05.1993	eingestellt (Netz-Neustrukturierung)

Linie 20

03.10.1977	Hackescher Markt–Lichtenberg, Gudrunstraße (nur Mo-Fr HVZ) (vormals 3E/72E)
28.04.1979	täglicher Verkehr
13.01.1986	U-Bf. Rosa-Luxemburg-Platz–Lichtenberg, Gudrunstraße (wegen Bauarbeiten)
15.02.1988	Hackescher Markt–Lichtenberg, Gudrunstraße
23.05.1993	eingestellt (Netz-Neustrukturierung)

Linie 21

Dichtes Gedränge in der Endschleife Köpenick Krankenhaus. Die Straßenbahnzüge, bestehend aus Reko-Wagen, links und rechts in der Zweirichtungs-Ausführung (Gruppennummern 223 und 269), in der Mitte die Einrichtungs-Version (Gruppennummer 217), im Jahre 1979.

In Köpenick wurde die Müggelheimer Straße 1980 als Hauptausfallstraße um mehr als das Doppelte verbreitert. Dabei erhielt die Straßenbahn auch den dringend benötigten eigenen Gleiskörper in der Straßenmitte. Das Foto zeigt die Bauarbeiten an der Ecke Wendenschloßstraße. Der Straßenbahnzug fährt noch auf dem alten Gleis.

Linie 22

02.02.1953	Alexanderplatz, Elisabethstraße–Bf. Rosenthal (vormals 23)
03.08.1962	Wallnerstraße–Rosenthal, Quickborner Straße
12.10.1966	U-Bf. Dimitroffstraße–Rosenthal, Quickborner Straße
21.10.1968	Kupfergraben–Rosenthal, Quickborner Straße
01.07.1992	U-Bf. Schwartzkopffstraße–Rosenthal, Quickborner Straße
23.05.1993	eingestellt (Netz-Neustrukturierung)

Wieder ein Blick über Mauer, Einmannbunker, Zaun und Panzersperren, hier in Rosenthal, 1970. Der ankommende Zug der Linie 22 fährt in die Wendeschleife ein, die bereits im Sperrgebiet an der Sektorengrenze lag. Die Fahrgäste mußten vorher in Rosenthal, Hauptstraße, aussteigen.

Hinweise für Fahrgäste mit Zeitkarten und Sammelkarten bei Einführung der »Z-Wagen« im März 1957.

Linie 23 (Ost/West-Linie)

13.06.1945	Pankow, Kirche–Rosenthal, Nordgraben
26.06.1945	Pankstraße E. Badstraße–Rosenthal, Nordgraben
06.07.1945	Bf. Gesundbrunnen, Ramlerstraße–Rosenthal, Nordgraben
11.07.1945	Pankstraße E. Badstraße–Rosenthal, Nordgraben
19.07.1945	Bf. Gesundbrunnen, Ramlerstraße–Rosenthal, Nordgraben
02.08.1945	Pankstraße E. Badstraße–Rosenthal, Nordgraben
12.10.1945	Pankstraße E. Badstraße–Bf. Rosenthal
24.01.1946	Weddingplatz–Bf. Rosenthal
09.05.1949	Augustenburger Platz–Bf. Rosenthal
15.12.1951	Moabit, Zwinglistraße–Bf. Rosenthal
16.01.1953	eingestellt (Straßenbahn-Spaltung – siehe 24) (West-Linienteil unberücksichtigt)
19.01.1953	Alexanderplatz, Elisabethstraße–Bf. Rosenthal (siehe 24)
02.02.1953	eingestellt (umbenannt in 22)
02.06.1991	Bf. Schöneweide–S-Bf. Friedrichshagen (vormals 25 E) (nur Mo-Fr HVZ)
29.07.1991	eingestellt

Linie 24 (Ost/West-Linie)

30.07.1945	Pankstraße E. Badstraße–Buchholz, Kirche
01.08.1945	Pankow, Kirche–Buchholz, Kirche
03.08.1945	Bf. Gesundbrunnen, Ramlerstraße–Buchholz, Kirche
27.07.1946	Bf. Gesundbrunnen, Rügener Straße–Buchholz, Kirche
09.07.1948	Wollankstraße E. Florastraße–Buchholz, Kirche (Blockade)
20.07.1948	Bf. Gesundbrunnen, Rügener Straße–Buchholz, Kirche
16.01.1953	Bf. Rosenthal–Buchholz, Kirche (Straßenbahn-Spaltung) (West-Linienteil unberücksichtigt)
19.01.1953	eingestellt (siehe 23)
23.01.1978	Stadion der Weltjugend–Weißensee, Pasedagplatz (vormals 73)
31.05.1992	Hackescher Markt - Weißensee, Pasedagplatz
23.05.1993	eingestellt (Netz-Neustrukturierung)

Nicht einmal zwei Monate bestand die HVZ-Linie 23. Ein Reko-Zug mit Tw 217 236 biegt am 3. Juni 1991 am S-Bf. Friedrichshagen aus dem Fürstenwalder Damm in die Bölschestraße ein.

Klirrendes Winterwetter 1979 am Bahnhof Schöneweide. Einzel-Trieb-wagen 217 207 auf Linie 25 biegt auf der Fahrt nach Rahnsdorf aus der Grünauer Straße in die Brücken-straße ein. Die Wagenheizung ver-mochte ein Vereisen der Fenster nicht zu verhindern.

Linie 25

14.07.1973	Bf. Schöneweide–Rahnsdorf (vormals 87)
23.05.1993	eingestellt (Netz-Neustrukturierung)

Linie 26

14.07.1973	Bf. Schöneweide–Köpenick, Krankenhaus (nur Mo-Fr) (vormals 95)
23.05.1993	eingestellt (Netz-Neustrukturierung)

Linie 27E

16.11.1953	S-Bf. Köpenick, Hirtestraße–Köpenick, Krankenhaus (Entlastungslinie für Omnibuslinie 27 – nur W nachm.)
1953	eingestellt

Linie 28

17.04.1978	Hackescher Markt–Betriebshof Weißensee (vormals 75)
29.01.1979	Hackescher Markt–Betriebshof Weißensee bzw. Weißensee, Pasedagplatz
13.01.1986	U-Bf. Rosa-Luxemburg-Platz–Betriebshof Weißensee bzw. Weißensee, Pasedagplatz (wegen Bauarbeiten)
10.08.1987	U-Bf. Rosa-Luxemburg-Platz–Hohenschönhausen, Zingster Straße
18.01.1988	Hackescher Markt - Hohenschönhausen, Zingster Straße
23.05.1993	eingestellt (Netz-Neustrukturierung)

Die Große Präsidentenstraße am Hackeschen Markt war im Laufe der Zeit von einer eingleisigen Durchfahrtstraße zu einer viergleisigen Straßenbahn-Aufstellstraße ausgebaut worden. Hier endeten im Sommer 1978 vier Linien. Foto vom 6. Juni 1978.

Linie 29

| 03.10.1977 | Müggelstraße (Bf. Frankfurter Allee)–Weißensee, Buschallee (nur Mo-Fr HVZ) |
| 23.05.1993 | eingestellt (Netz-Neustrukturierung) |

Linie 36

02.06.1991	Hohenschönhausen, Zingster Straße–Bf. Schöneweide (vormals 16E) (nur Spätverkehr, und Sa + So)
28.10.1991	Hohenschönhausen, Zingster Straße bzw. Gehrenseestraße–Bf. Schöneweide (nur Spätverkehr, und Sa + So)
23.05.1993	eingestellt (Netz-Neustrukturierung)

Linie 45

| 01.06.1949 | Bf. Gesundbrunnen, Rügener Straße–Nordend, Straßenbahnhof (vormals 199) |
| 02.1950 | eingestellt |

Linie 46

01.06.1949	Kupfergraben–Nordend, Straßenbahnhof
26.05.1950	Dönhoffplatz–Nordend, Straßenbahnhof
03.09.1951	Kupfergraben–Nordend, Straßenbahnhof
08.10.1951	Kupfergraben–Niederschönhausen, Schillerstraße
29.02.1960	Ebertstraße E. Clara-Zetkin-Straße–Niederschönhausen, Schillerstraße
04.07.1960	Kupfergraben–Niederschönhausen, Schillerstraße
01.07.1992	U-Bf. Schwartzkopffstraße–Niederschönhausen, Schillerstraße
23.05.1993	eingestellt (Netz-Neustrukturierung)

In den sechziger Jahren befährt vor der klassischen Kulisse des Pergamon-Museums ein Zug der Linie 46 die Schleife Kupfergraben. Der imposante Bau ist von 1912 bis 1930 als erstes Architekturmuseum der Welt nach Plänen von Alfred Messel und Ludwig Hoffmann erbaut worden.

Linie 46E

08.10.1951	Kupfergraben bzw. Hannoversche Straße–Niederschönhausen, Idastraße (nur W)
04.08.1958	Ossietzkyplatz–Idastraße–Ossietzkyplatz (Rundverkehr) (nur W)
03.11.1958	Kupfergraben bzw. Hannoversche Straße–Niederschönhausen, Idastraße (nur W)
28.03.1960	Kupfergraben bzw. Hackescher Markt–Niederschönhausen, Idastraße (nur W)
04.07.1960	Ossietzkyplatz–Idastraße–Ossietzkyplatz (Rundverkehr) (nur W)
01.04.1966	eingestellt (Omnibuslinie 50)

Als Ergänzung zur Linie 46 wurde ein Teil von Niederschönhausen durch eine E-Linie bedient. In den sechziger Jahren verkehrte sie meistens im Rundverkehr vom Ossietzkyplatz über Blankenburger Straße - Idastraße - Wackenbergstraße und Buchholzer Straße. Hierfür genügte ein Triebwagen. Aufnahme vom 24. April 1965.

Linie 47

08.09.1945	Bf. Schönhauser Allee–Nordend, Straßenbahnhof
14.09.1945	U-Bf. Danziger Straße–Nordend, Straßenbahnhof
24.06.1946	Hannoversche Straße–Nordend, Straßenbahnhof
21.04.1948	Charlottenstraße E. Unter den Linden–Nordend, Straßenbahnhof
03.05.1948	Kupfergraben–Nordend, Straßenbahnhof
12.02.1949	Hannoversche Straße–Nordend, Straßenbahnhof
08.04.1949	Kupfergraben–Nordend, Straßenbahnhof
01.06.1949	eingestellt (umbenannt in 46)

Linie 49

01.08.1945	Pankow, Kirche–Buchholz, Kirche
08.09.1945	Bf. Schönhauser Allee–Buchholz, Kirche
14.09.1945	U-Bf. Danziger Straße–Buchholz, Kirche
22.02.1947	eingestellt (Stromeinsparung)
21.04.1947	U-Bf. Danziger Straße–Buchholz, Kirche
22.05.1950	Hackescher Markt–Buchholz, Kirche
12.10.1966	Wallnerstraße–Buchholz, Kirche
01.12.1966	Hackescher Markt–Buchholz, Kirche
13.01.1986	Stadion der Weltjugend–Buchholz, Kirche
18.01.1988	Hackescher Markt–Buchholz, Kirche
03.05.1993	eingestellt (wegen Bauarbeiten)

In dem Dorf Buchholz, ehemals Französisch-Buchholz, befindet sich die eine Endstelle dieser Linie vor der Dorfkirche aus dem 13. Jahrhundert. Das Querschiff wurde 1852 angefügt, der Kirchturm 1886. Foto aus den sechziger Jahren.

Linie 58

20.08.1988	Weißensee, Betriebshof–Falkenberg
13.02.1989	Hackescher Markt–Falkenberg
23.05.1993	eingestellt (Netz-Neustrukturierung)

Linie 60

16.05.1945	Königstor–Weißensee, Rennbahnstraße (als Omnibus)
25.05.1945	Alexanderplatz–Weißensee, Rennbahnstraße (als Omnibus)
04.06.1945	I. Alexanderplatz–Weißensee, Antonplatz (als Omnibus)
	II. Weißensee, Antonplatz–Weißensee, Rennbahnstraße
06.06.1945	I. Alexanderplatz–Greifswalder Straße E. Danziger Straße (als Omnibus)
	II. Greifswalder Straße E. Danziger Straße–Weißensee, Rennbahnstraße
08.06.1945	I. Alexanderplatz–Königstor (als Omnibus)
	II. Königstor–Weißensee, Rennbahnstraße
14.06.1945	Alexanderplatz–Weißensee, Rennbahnstraße
25.06.1945	Rathaus, Jüdenstraße–Weißensee, Rennbahnstraße
07.10.1946	Taubenstraße–Weißensee, Rennbahnstraße
24.02.1947	eingestellt (vereinigt mit 74)

Linie 63

10.03.1952	Hackescher Markt–Hohenschönhausen, Falkenberger Straße
13.06.1953	I. Hackescher Markt–Hohenschönhausen, Falkenberger Straße
	II. Hohenschönhausen, Falkenberger Straße–Hohenschönhausen, Gartenstadt
	(Pendelwagen)

Während der völligen Umgestaltung des Alexanderplatzes mußten mehrere Straßenbahnlinien geteilt und einzelne Abschnitte im Pendelverkehr bedient werden. Dabei kamen Zugkompositionen wie Tw + Bw + (geschlepptem) Tw zum Einsatz, wie hier auf Linie 63 im Juli 1961.

Leninallee, Kreuzung Dimitroffstraße. Die Altbauten sind bereits für den Abriß geräumt. Der Verkehrspolizist mit dem schwarzweißen Signalstab war an vielen Stellen anzutreffen. Ein Zug der Verstärkungslinie 63E auf dem Wege zum Hackeschen Markt. Aufnahme aus den sechziger Jahren.

15.06.1953	Hackescher Markt–Hohenschönhausen, Gartenstadt
02.01.1967	Walter-Ulbricht-Stadion–Hohenschönhausen, Gartenstadt
01.03.1983	Stadion der Weltjugend–Hohenschönhausen, Degnerstraße
01.03.1984	Stadion der Weltjugend–Hohenschönhausen, Gehrenseestraße
21.12.1984	Stadion der Weltjugend–Hohenschönhausen, Zingster Straße
13.03.1989	Hackescher Markt–Hohenschönhausen, Zingster Straße
23.05.1993	eingestellt (Netz-Neustrukturierung)

Linie 64

01.06.1945	Alexanderplatz–Hohenschönhausen, Falkenberger Straße (als Omnibus)
12.06.1945	Alexanderplatz–Hohenschönhausen, Degnerstraße (als Omnibus)
31.08.1945	I. Alexanderplatz–Landsberger Allee E. Elbinger Straße (als Omnibus)
	II. Landsberger Alle E. Elbinger Straße–Hohenschönhausen, Degnerstraße
06.09.1945	Rathaus, Jüdenstraße–Hohenschönhausen, Degnerstraße
01.08.1946	Rathaus, Jüdenstraße–Hohenschönhausen, Falkenberger Straße
19.03.1951	Dönhoffplatz–Hohenschönhausen, Falkenberger Straße
1955	(nur W)
01.07.1969	Leipziger Straße E. Charlottenstraße–Hohenschönhausen, Falkenberger Straße
06.04.1970	Leipziger Straße E. Charlottenstraße–Hohenschönhausen, Degnerstraße
	(nur Mo-Fr)
24.08.1970	eingestellt

In den sechziger Jahren wurden vereinzelt die Verstärkungslinien mit einem übergroßen »E« vor der Liniennummer gekennzeichnet. Die traditionelle Form war 64E mit gleich großen Lettern. Das Zielschild lautete hier »S-Bhf. Jannowitzbrücke«, in Wirklichkeit befand sich der Endpunkt in der Schleife Wallnerstraße.

Linie 65

24.01.1946	Rathaus, Jüdenstraße–Lichtenberg, Scheffelstraße
02.02.1947	(nur W)
22.02.1947	eingestellt (Stromeinsparung)
08.06.1947	Rathaus, Jüdenstraße–Lichtenberg, Scheffelstraße
19.03.1951	Hackescher Markt–Lichtenberg, Scheffelstraße
10.03.1952	Spittelmarkt–Lichtenberg, Scheffelstraße
29.04.1954	eingestellt (siehe Obuslinie O 30)

Linie 69

26.05.1945	I. Lichtenberg, Gudrunstraße–Rennbahn Karlshorst (als Omnibus)
	II. Rennbahn Karlshorst–Edisonstraße E. Wilhelminenhofstraße
31.05.1945	Friedrichsfelde, Schloßstraße E. Wilhelmstraße–Edisonstraße E. Wilhelminenhofstraße
02.06.1945	Siegfriedstraße, Straßenbahnhof–Edisonstraße E. Wilhelminenhofstraße
31.08.1945	Elbinger Straße E. Landsberger Allee–Edisonstraße E. Wilhelminenhofstraße
22.09.1945	Rathaus, Jüdenstraße–Edisonstraße E. Wilhelminenhofstraße
24.01.1946	Elbinger Straße E. Landsberger Allee–Edisonstraße E. Wilhelminenhofstraße
01.05.1950	Rathaus, Jüdenstraße–Edisonstraße E. Wilhelminenhofstraße
19.03.1951	Hackescher Markt–Edisonstraße E. Wilhelminenhofstraße
09.07.1951	Hackescher Markt–Oberschöneweide, Parkstraße
02.08.1951	Walter-Ulbricht-Stadion–Johannisthal
02.01.1967	Wallnerstraße–Johannisthal
19.10.1968	Walter-Ulbricht-Stadion–Johannisthal
01.11.1975	eingestellt

Der Molkenmarkt, die Keimzelle Berlins. Trümmer und Ruinen beherrschen noch 1950 das Bild. Im Hintergrund das schwer beschädigte »Rote Rathaus«, 1861-1869 von Hermann Waesemann im Stil italienischer Renaissancepaläste erbaut. Das Zielschild lautete »Molkenmarkt, Rathaus«.

Das Empfangsgebäude des S-Bahnhofs Lichtenberg mußte in den siebziger Jahren dem Um- und Ausbau der Station zum Fernbahnhof weichen, die Brücke über die Gleise wurde verlegt und wesentlich verbreitert. Die Verstärkungslinie 69E auf dem Wege zum Bahnhof Schöneweide. In den sechziger Jahren waren die Zielschilder der E-Linien schwarz mit weißer Schrift üblich.

Linie 70

12.06.1950	Charlottenstraße E. Unter den Linden–Weißensee, Buschallee
23.10.1950	Kupfergraben–Weißensee, Buschallee
02.08.1951	Kupfergraben–Hohenschönhausen, Falkenberger Straße
03.06.1954	Clara-Zetkin-Straße E. Neue Wilhelmstraße–Hohenschönhausen, Falkenberger Straße
18.03.1958	Ebertstraße E. Clara-Zetkin-Straße–Hohenschönhausen, Falkenberger Straße (für Fahrgäste weiterhin erst ab Neue Wilhelmstraße)

29.02.1960	Kupfergraben–Hohenschönhausen, Falkenberger Straße
04.07.1960	Sommerstraße E. Clara-Zetkin-Straße–Hohenschönhausen, Falkenberger Straße
13.08.1961	Kupfergraben–Hohenschönhausen, Falkenberger Straße
01.03.1983	Kupfergraben–Hackescher Markt (über Hohenschönhausen)
21.07.1984	Kupfergraben–Hohenschönhausen, Gehrenseestraße
21.12.1984	Kupfergraben–Hohenschönhausen, Zingster Straße
01.07.1992	U-Bf. Schwartzkopffstraße–Hohenschönhausen, Zingster Straße
23.05.1993	eingestellt (Netz-Neustrukturierung)

Eine Endstelle hart an der Grenze. Bis zum Tag des Mauerbaus 1961 rangierten die Züge der Linie 70 unmittelbar an der Rückfront des Reichstagsgebäudes, das bereits im Bezirk Tiergarten (britischer Sektor) steht. Das Foto mit dem »Stube-und-Küche«-Triebwagen 3722 wurde im Januar 1959 aufgenommen.

Linie 71

01.06.1949	Rathaus, Jüdenstraße–Heinersdorf (vormals 73)
03.08.1962	Rathaus, Jüdenstraße bzw. Wallnerstraße–Heinersdorf (ab/bis Jüdenstraße nur in der HVZ)
19.12.1966	Am Kupfergraben–Heinersdorf
06.04.1970	Am Kupfergraben bzw. Hackescher Markt–Heinersdorf (ab/bis Kupfergraben nur Mo–Fr bis 20 Uhr)
08.02.1988	Am Kupfergraben–Heinersdorf
22.10.1991	Am Kupfergraben–Am Steinberg (wegen Straßenbauarbeiten in Heinersdorf)
01.07.1992	U-Bf. Schwartzkopffstraße–Am Steinberg
12.09.1992	U-Bf. Schwartzkopffstraße–Heinersdorf
23.05.1993	eingestellt (Netz-Neustrukturierung)

Die Jüdenstraße direkt neben dem Berliner Rathaus (rechts) war von 1949 bis 1962 auch Abfahrtstelle der Linie 71, hier im Jahre 1950 mit einem Tourenwagen nach Heinersdorf.

Linie 72

15.07.1945	Rathaus, Jüdenstraße–Weißensee, Rennbahnstraße
22.12.1949	Taubenstraße–Weißensee, Rennbahnstraße
1953	Charlottenstraße E. Taubenstraße–Weißensee, Rennbahnstraße
1954	(sonntags: Breite Straße–Weißensee, Rennbahnstraße)
10.02.1957	Charlottenstraße E. Taubenstraße–Weißensee, Pasedagplatz
	(sonntags: Breite Straße–Pasedagplatz)
08.12.1957	(sonntags: Spittelmarkt–Pasedagplatz)
02.07.1958	Taubenstraße E. Friedrichstraße–Weißensee, Pasedagplatz
	(sonntags: Jüdenstraße–Pasedagplatz)
16.02.1960	Charlottenstraße E. Taubenstraße–Weißensee, Pasedagplatz
	(sonntags: Jüdenstraße–Pasedagplatz)
20.10.1966	Dönhoffplatz–Weißensee, Pasedagplatz (sonntags: Jüdenstraße–Pasedagplatz)
19.12.1966	Hackescher Markt–Weißensee, Pasedagplatz
28.04.1979	(nur Mo–Fr HVZ)
13.01.1986	Hohenschönhausen, Zingster Straße–Weißensee, Pasedagplatz
	(über Mollstraße) (nur Mo–Fr HVZ)
02.12.1989	Ahrensfelde–Weißensee, Pasedagplatz (nur Mo–Fr HVZ)
02.05.1990	Marzahn, Henneckestraße–Weißensee, Pasedagplatz (nur Mo–Fr HVZ)
15.10.1990	Marzahn, Henneckestraße–Hackescher Markt (nur Mo–Fr HVZ)
15.05.1991	Marzahn, Henneckestraße–Am Steinberg (nur Mo–Fr HVZ)
28.04.1992	Marzahn, Wuhletalstraße–Hackescher Markt (nur Mo–Fr HVZ)
01.07.1992	Marzahn, Wuhletalstraße–Am Steinberg (nur Mo–Fr HVZ)
05.04.1993	Marzahn, Wuhletalstraße–Lichtenberg, Gudrunstraße (nur Mo–Fr HVZ)
23.05.1993	eingestellt (Netz-Neustrukturierung)

Nach Durchfahren der großen City-Schleife mit Endstelle an der Taubenstraße beginnt ein Zug der Linie 72 seine Fahrt nach Weißensee. Links das Schauspielhaus am Platz der Akademie (Gendarmenmarkt), ein Meisterwerk Karl Friedrich Schinkels, erbaut 1819-1821. Die Straßenbahn biegt aus der Charlottenstraße in die Französische Straße ein. Die Aufnahme entstand 1951.

Linie 73

04.06.1945	Prenzlauer Allee E. Ostseestraße–Alexanderplatz (als Omnibus)
15.06.1945	I. Prenzlauer Allee E. Ostseestraße–Prenzlauer Allee E. Danziger Straße (als Omnibus)
	II. Prenzlauer Allee E. Danziger Straße–Alexanderplatz
23.06.1945	S-Bf. Prenzlauer Allee–Alexanderplatz
26.06.1945	S-Bf. Prenzlauer Allee–Rathaus, Jüdenstraße
15.07.1945	Am Steinberg–Rathaus, Jüdenstraße
27.09.1945	Heinersdorf–Rathaus, Jüdenstraße
15.09.1947	Heinersdorf–Friesenstraße E. Schwiebusser Straße
10.11.1947	Heinersdorf–Rathaus, Jüdenstraße
01.06.1949	eingestellt (umbenannt in 71)
01.06.1949	Weißensee, Rennbahnstraße - S-Bf. Lichterfelde Ost, Jungfernstieg (vormals 174) (West/Ost-Linie)
01.10.1951	eingestellt (Linie verkehrt nur noch in West-Berlin)
02.01.1967	Betriebshof Weißensee–Walter-Ulbricht-Stadion
24.08.1970	Weißensee, Pasedagplatz–Walter-Ulbricht-Stadion
23.01.1978	eingestellt

Die »neue« Linie 73 (ab 1967) passierte auch den S-Bahnhof Marx-Engels-Platz am Hackeschen Markt, hier an der Haltestelle in der Neuen Promenade. Der S-Bahnhof (früher »Börse«, heute »Hackescher Markt«), 1882 errichtet, ist fast unverändert erhalten geblieben. Aufnahme Ende der sechziger Jahre.

Linie 74 (West/Ost-Linie)

30.05.1945	Potsdamer Platz–Rathaus Steglitz (als Omnibus)
20.06.1945	I. Potsdamer Platz–Friedenau, Rheinstraße E. Ringstraße (als Omnibus)
	II. Friedenau, Rheinstraße E. Ringstraße–Betriebshof Steglitz
08.07.1945	I. Potsdamer Platz–Schöneberg, Hauptstraße E. Koburger Straße (als Omnibus)
	II. Schöneberg, Hauptstraße E. Koburger Straße–Betriebshof Steglitz
30.07.1945	I. Potsdamer Platz–Schöneberg, Hauptstraße E. Eisenacher Straße (als Omnibus)
	II. Schöneberg, Hauptstraße E. Eisenacher Straße–Betriebshof Steglitz
01.08.1945	I. Potsdamer Platz–Schöneberg, Hauptstraße E. Koburger Straße (als Omnibus)
	II. Schöneberg, Hauptstraße E. Koburger Straße–Betriebshof Steglitz
08.08.1945	I. Potsdamer Platz–Schöneberg, Kaiser-Wilhelm-Platz (als Omnibus)
	II. Schöneberg, Kaiser-Wilhelm-Platz–Betriebshof Steglitz
17.08.1945	I. Spittelmarkt–Schöneberg, Kaiser-Wilhelm-Platz (als Omnibus)
	II. Schöneberg, Kaiser-Wilhelm-Platz–Betriebshof Steglitz
24.08.1945	I. Spittelmarkt–Kurfürstenstraße E. Potsdamer Straße (als Omnibus)
	II. Kurfürstenstraße E. Potsdamer Straße–Betriebshof Steglitz
09.09.1945	I. Spittelmarkt–Kurfürstenstraße E. Potsdamer Straße (als Omnibus)
	II. Kurfürstenstraße E. Potsdamer Straße–Lichterfelde, Händelplatz
28.10.1945	I. Dönhoffplatz–Köthener Brücke
	II. Köthener Brücke–Lichterfelde, Händelplatz
26.11.1945	Spittelmarkt–Lichterfelde, Händelplatz (über Potsdamer Brücke)
02.09.1946	Alexanderplatz, Elisabethstraße–Lichterfelde, Händelplatz
07.10.1946	Alexanderplatz, Elisabethstraße–Lichterfelde, Finckensteinallee
24.02.1947	Weißensee, Rennbahnstraße–Lichterfelde, Finckensteinallee (siehe 60)
01.10.1951	Weißensee, Rennbahnstraße–Lichterfelde, Händelplatz
15.01.1953 (nachm.)	Weißensee, Rennbahnstraße–Leipziger Platz (Straßenbahn-Spaltung)

27.04.1955	Weißensee, Rennbahnstraße–Charlottenstraße E. Taubenstraße (Einsturzgefahr der Wertheim-Ruine)
10.02.1957	Weißensee, Pasedagplatz–Charlottenstraße E. Taubenstraße
02.05.1957	Weißensee, Pasedagplatz–Leipziger Platz (Wertheim-Ruine abgetragen)
13.08.1961	Weißensee, Pasedagplatz–Charlottenstraße E. Taubenstraße (Sperrmaßnahmen vom 13. August)
18.08.1961	Weißensee, Pasedagplatz–Leipziger Straße E. Wilhelmstraße
24.08.1970	Betriebshof Weißensee–Hohenschönhausen, Falkenberger Straße (über Mollstraße) (nur Mo-Fr HVZ)
15.04.1978	eingestellt

Während der Umgestaltung der Innenstadt herrschte auf der Linie 74 gebrochener Verkehr. Teile der Linie wurden durch Omnibusse bedient, wie hier in der Jostystraße am 29. Juli 1961.

Nach dem Bau der Mauer verwandelte sich der Potsdamer Platz in ein schwer gesichertes Festungsgelände. Die Ost-74 endete für die Fahrgäste an der Wilhelmstraße, die Züge wendeten dann leer auf dem Leipziger Platz, vorbei an doppelten Panzersperren, geharkten Sandstreifen, Maschendraht- und elektrischen Fangzäunen sowie Einmannbunkern mit Schießscharten. Eine Impression vom 31. Juli 1966.

Linie 174 (West/Ost-Linie)

02.10.1947	Weißensee, Rennbahnstraße–S-Bf. Lichterfelde Ost, Jungfernstieg
01.06.1949	eingestellt (umbenannt in 73)

Linie 75

24.08.1970	Hackescher Markt–Betriebshof Weißensee
19.10.1970	(nur Mo-Fr)
04.10.1971	(nur Mo-Fr HVZ)
28.03.1975	(täglich)
17.04.1978	eingestellt (umbenannt in 28)

Linie 80

20.08.1988	Falkenberg–Betriebshof Marzahn (nur Mo-Fr HVZ)
01.10.1989	Falkenberg–Bf. Schöneweide (nur Mo-Fr HVZ)
28.10.1991	Hohenschönhausen, Gehrenseestraße–Blockdammweg (nur Mo-Fr HVZ)
23.05.1993	eingestellt (Netz-Neustrukturierung)

Linie 81

02.06.1991	Betriebshof Nalepastraße–Bf. Schöneweide (vormals 88) (nur Mo-Fr HVZ)
15.08.1992	eingestellt

Ein kurzes Leben war der am 2. Juni 1991 eingerichteten HVZ-Pendellinie 81 in Schöneweide beschieden: nur 14 Monate. Tw 223 004 in der Kehrschleife am Bahnhof Schöneweide, Nähe Südostallee mit dem Ziel »Oberschöneweide, Betriebshof«.

Linie 82

25.02.1946	Molkenmarkt–Stralauer Allee E. Markgrafendamm
04.08.1946	(nur W)
02.09.1946	Breite Straße–Stralauer Allee E. Markgrafendamm (nur W)
22.02.1947	eingestellt (Stromeinsparung)

21.04.1947	Breite Straße–Stralauer Alle E. Markgrafendamm (nur W)
04.07.1949	Breite Straße–Alt-Stralau (nur werktags) (wegen Wagenmangels als Omnibus)
09.05.1950	wieder als Straßenbahn
02.08.1951	Breite Straße–Oberschöneweide, Parkstraße (als Linie E)
10.09.1951	Breite Straße–Karlshorst, Rennbahn bzw. Oberschöneweide, Parkstraße (als Linie 82) (bis/ab Parkstraße nur in der HVZ)
16.01.1953	eingestellt (Straßenbahn-Spaltung)

02.02.1953	Dönhoffplatz–Köpenick, Hirtestraße
02.08.1954	Dönhoffplatz–Oberschöneweide, Parkstraße bzw. Köpenick, Hirtestraße (bis/ab Hirtestraße nur in der HVZ)
12.09.1956	Dönhoffplatz–Parkstraße bzw. Mahlsdorf-Süd, Hubertus (bis/ab Hubertus nur in der HVZ)
28.03.1960	Alexanderplatz, Elisabethstraße–Parkstraße bzw. Mahlsdorf-Süd, Hubertus (bis/ab Hubertus nur in der HVZ)
07.04.1961	Ostbahnhof–Parkstraße bzw. Mahlsdorf-Süd, Hubertus (bis/ab Hubertus nur in der HVZ)
17.12.1962	Walter-Ulbricht-Stadion–Mahlsdorf-Süd, Hubertus
16.12.1967	S-Bf. Ostkreuz–Mahlsdorf Süd, Hubertus
29.08.1970	nur Mo-Fr (siehe 21)
23.05.1993	eingestellt (Netz-Neustrukturierung)

Der Ostbahnhof, der aus dem 1867/68 errichteten Schlesischen Bahnhof hervorgegangen war, hatte früher auch guten Straßenbahnanschluß. Die 82E, hier mit zwei Vierachsern, in den sechziger Jahren auf dem Wege zur Wallnerstraße.

Linie 82E

02.02.1953	Dönhoffplatz–Köpenicker Straße E. Adalbertstraße
18.08.1955	Spittelmarkt–Köpenicker Straße E. Adalbertstraße
01.10.1955	eingestellt

In den Jahren 1956 bis 1959 anläßlich des Volksfestes »Stralauer Fischzug« zwischen Ostbahnhof und Alt-Stralau wieder in Betrieb

Linie 83

23.06.1945	Rathaus Köpenick–Betriebshof Köpenick
28.06.1945	Rathaus Köpenick–Marienhain
12.09.1945	Köpenick, Lindenstraße E. Bahnhofstraße–Marienhain
16.09.1945	Mahlsdorf-Süd, Hubertus–Marienhain
19.09.1945	Mahlsdorf-Süd, Bürgerwäldchen–Marienhain
21.09.1945	S-Bf. Mahlsdorf–Marienhain
25.01.1946	S-Bf. Mahlsdorf–Wendenschloß, Lienhardweg
03.01.1947	S-Bf. Mahlsdorf–Wendenschloß, Ekhofstraße (Freigabe des sowjetischen Sperrgebietes)
18.06.1964	S-Bf. Mahlsdorf–Wendenschloß, Niebergallstraße
23.05.1993	eingestellt (Netz-Neustrukturierung)

Reger Fahrgastwechsel in Alt-Köpenick an einem Großraumzug der Linie 83 in den sechziger Jahren mit Fahrtziel Wendenschloß. In dem 1901-1904 von Hans Schütte gebauten Rathaus beschlagnahmte 1906 der »Hauptmann von Köpenick« die Stadtkasse und machte mit dieser »Köpenickiade« die Stadt berühmt. Im Hintergrund der Turm der 1838-1841 erbauten St. Laurentius-Kirche.

Linie 84

01.04.1946	Köpenick, Lindenstraße E. Bahnhofstraße–Adlershof, Teltowkanal
11.08.1946	Bf. Friedrichshagen–Adlershof, Teltowkanal
08.12.1946	Köpenick, Lindenstraße E. Bahnhofstraße–Adlershof, Teltowkanal (Stromeinsparung)
08.06.1947	Bf. Friedrichshagen–Adlershof, Teltowkanal
14.10.1950	Bf. Friedrichshagen–Altglienicke, Am Falkenberg
02.08.1951	Friedrichshagen, Wasserwerk–Altglienicke, Am Falkenberg
06.12.1988	Friedrichshagen, Wasserwerk–S-Bf. Adlershof (Stillegung der Strecke nach Altglienicke)
02.04.1989	Friedrichshagen, Wasserwerk–Altglienicke, Am Falkenberg (aufgrund von Protesten Reparatur der Strecke nach Altglienicke)
31.10.1992	Rahnsdorf–Altglienicke, Am Falkenberg (Bauarbeiten)
01.01.1993	Rahnsdorf–S-Bf. Adlershof (erneute Stillegung der Strecke nach Altglienicke)
23.05.1993	eingestellt (Netz-Neustrukturierung)

Am S-Bahnhof Adlershof erhielt die Straßenbahn in den siebziger Jahren eine neue eingleisige Trasse an der Südseite des Bahndamms. Dabei wurde auch der Zugang zum S-Bahnhof modern gestaltet. Ein Zug der Linie 84, bestehend aus Wagen der Typen TZ2 und BZ2, 1977 auf der Fahrt nach Friedrichshagen, Wasserwerk.

Im Ortskern von Altglienicke herrscht die Atmosphäre einer märkischen Kleinstadt. Hier muß die Straßenbahn wegen der engen Durchfahrt zwischen den Häusern teilweise eingleisig geführt werden. Aufnahme am 24. August 1989.

Linie 85

01.09.1964	Johannisthal, Haeckelstraße–Wendenschloß, Niebergallstraße (vormals 95E)
	(nur Mo-Fr HVZ)
15.08.1992	eingestellt

Linie 86

27.10.1945	S-Bf. Grünau–Alt-Schmöckwitz (nur W)
24.06.1946	I. S-Bf. Köpenick, Hirtestraße–Grünauer Brücke
	II. Grünauer Brücke–Alt-Schmöckwitz (nur W)
07.09.1947	(täglich)
12.08.1948	Mahlsdorf-Süd, Hubertus–Alt-Schmöckwitz
06.04.1970	S-Bf. Köpenick, Hirtestraße–Alt-Schmöckwitz
23.05.1993	eingestellt (Netz-Neustrukturierung)

Die 86, Nachfolgerin der Uferbahn, wurde als erste mit Großraumwagen betrieben. Hier begegnen sich zwei Züge in den sechziger Jahren auf dem Schloßplatz in Köpenick nach dessen erstem Umbau, bei dem der Platz wesentlich fahrgastfreundlicher gestaltet worden war.

Linie 87

15.05.1945	Spittelmarkt–Treptow, Elsenstraße (als Omnibus)
20.05.1945	I. Spittelmarkt–Treptow, Elsenstraße (als Omnibus)
	II. Treptow, Elsenstraße–Bf. Schöneweide
23.05.1945	I. Spittelmarkt–Treptow, Elsenstraße (als Omnibus)
	II. Treptow, Elsenstraße–Bf. Schöneweide
	III. Betriebshof Nalepastraße–Köpenick, Lindenstraße E. Bahnhofstraße
25.05.1945	I. Potsdamer Platz–Treptow, Elsenstraße (als Omnibus)
	II. Treptow, Elsenstraße–Bf. Schöneweide
	III. Betriebshof Nalepastraße–Köpenick, Lindenstraße E. Bahnhofstraße

12.06.1945	I. Potsdamer Platz–Schlesisches Tor (als Omnibus)
	II. Schlesisches Tor–Bf. Schöneweide
	III. Betriebshof Nalepastraße–Köpenick, Lindenstraße E. Bahnhofstraße
22.06.1945	I. Potsdamer Platz–Köpenicker Straße E. Adalbertstraße (als Omnibus)
	II. Köpenicker Straße E. Adalbertstraße–Bf. Schöneweide
	III. Betriebshof Nalepastraße–Köpenick, Lindenstraße E. Bahnhofstraße
12.07.1945	I. Potsdamer Platz–Köpenicker Straße E. Neanderstraße (als Omnibus)
	II. Köpenicker Straße E. Neanderstraße–Bf. Schöneweide
	III. Betriebshof Nalepastraße–Köpenick, Lindenstraße E. Bahnhofstraße
17.08.1945	Betriebshof Nalepastraße–Köpenick, Lindenstraße E. Bahnhofstraße
	(siehe 91)
21.08.1945	Betriebshof Nalepastraße–S-Bf. Friedrichshagen
26.08.1945	I. Betriebshof Nalepastraße–S-Bf. Friedrichshagen
	II. S-Bf. Friedrichshagen–Rahnsdorf (als Omnibus)
06.09.1945	I. Dönhoffplatz–Bf. Schöneweide (siehe 91)
	II. Betriebshof Nalepastraße–S-Bf. Friedrichshagen
	III. S-Bf. Friedrichshagen–Rahnsdorf (als Omnibus)
12.11.1945	I. Dönhoffplatz–Bf. Schöneweide
	II. Betriebshof Nalepastraße–Rahnsdorf
22.07.1947	Dönhoffplatz–Rahnsdorf (über Stubenrauchbrücke)
02.08.1951	Dönhoffplatz–Rahnsdorf (über Treskowbrücke)
02.02.1953	Wiener Brücke–Rahnsdorf
14.07.1973	eingestellt (siehe 25)

Jahrzehntelang brachte die Linie 87 auf der breiten Köpenicker Landstraße die badelustigen Berliner zum Müggelsee, bis sie 1973 hier eingestellt wurde. Auch heute noch, bei erheblich angewachsenem Autoverkehr, hätte die Straßenbahn hier ungehinderte freie Fahrt. Foto Anfang der siebziger Jahre.

Linie 88

15.10.1984	Betriebshof Nalepastraße–Bf. Schöneweide (nur Mo-Fr HVZ)
02.06.1991	eingestellt (umbenannt in 81)

Linie 91

17.08.1945	Dönhoffplatz–Bf. Schöneweide (siehe 87)
06.09.1945	eingestellt (siehe 87)
25.02.1946	Treptow, Rathaus–Johannisthal, Haeckelstraße
24.02.1947	Bf. Schöneweide–Johannisthal, Haeckelstraße (Stromeinsparung)
21.04.1947	Treptow, Rathaus–Johannisthal, Haeckelstraße
20.06.1949	wegen Wagenmangels als Omnibus
24.11.1949	wieder als Straßenbahn
13.12.1959	eingestellt

Linie 91E

15.02.1953	Bf. Schöneweide–LOWA-Werk Johannisthal (nur W HVZ)
05.06.1959	eingestellt

Linie 92

01.10.1948	Schlesisches Tor–S-Bf. Oberspree
20.06.1949	wegen Wagenmangels als Omnibus
24.09.1949	wieder als Straßenbahn

12.06.1950	Dönhoffplatz–S-Bf. Oberspree
16.01.1953	Treptow, Flutgraben–S-Bf. Oberspree (Straßenbahn-Spaltung)
01.08.1960	Wiener Brücke–S-Bf. Oberspree
20.05.1963	Baumschulenstraße E. Sonnenallee–S-Bf. Oberspree (siehe 95)
29.08.1970	nur Mo-Fr (siehe 21)
01.04.1971	eingestellt

Im Sommer 1949 wurde die Straßenbahnlinie 92 wegen Wagenmangels mit Bussen betrieben. Das Pressefoto zeigt, wie zwei BVGer im Ostsektor vor ihrem Wagen mit dem damaligen Ost-Kennzeichen GB interessiert eine West-Zeitung studieren.

Linie 95 (Ost/West-Linie)

03.06.1945	Hermannplatz–S-Bf. Baumschulenweg (als Omnibus)
17.06.1945	I. Hermannplatz–S-Bf. Köllnische Heide (als Omnibus)
	II. S-Bf. Köllnische Heide–S-Bf. Baumschulenweg
21.06.1945	S-Bf. Köllnische Heide–S-Bf. Baumschulenweg
	(infolge Wagenmangels wurde Teil I eingestellt)
28.06.1945	I. S-Bf. Köllnische Heide–S-Bf. Baumschulenweg
	II. Rathaus Köpenick–Köpenick, Krankenhaus
16.07.1945	I. Neukölln, Teupitzer Straße–S-Bf. Baumschulenweg
	II. Rathaus Köpenick–Köpenick, Krankenhaus
18.08.1945	I. Hermannplatz–S-Bf. Baumschulenweg
	II. Rathaus Köpenick–Köpenick, Krankenhaus

12.09.1945	I. Hermannplatz–Bf. Schöneweide
	II. Betriebshof Nalepastraße–Köpenick, Krankenhaus
24.06.1946	I. Kreuzbergstraße–Bf. Schöneweide
	II. Betriebshof Nalepastraße–Köpenick, Krankenhaus
22.07.1947	Kreuzbergstraße–Köpenick, Krankenhaus (über Stubenrauchbrücke)
08.07.1948	Hermannplatz–Köpenick, Krankenhaus (Blockade)
12.05.1949	Kreuzbergstraße–Köpenick, Krankenhaus
02.01.1950	Tempelhof, Attilaplatz–Köpenick, Krankenhaus
02.08.1951	über Treskowbrücke
16.01.1953	Wiener Brücke–Köpenick, Krankenhaus (Straßenbahn-Spaltung)
02.02.1953	I. Sonnenallee E. Baumschulenstraße–S-Bf. Baumschulenweg
	II. S-Bf. Baumschulenweg–Köpenick, Krankenhaus
03.1953	Sonnenallee E. Baumschulenstraße–Köpenick, Krankenhaus
08.1961	I. Baumschulenstraße E. Sonnenallee–S-Bf. Baumschulenweg
	II. S-Bf. Baumschulenweg–Köpenick, Krankenhaus
	(Sperrmaßnahmen vom 13. August)
20.05.1963	Wiener Brücke–Köpenick, Krankenhaus (siehe 92)
06.04.1970	Wiener Brücke bzw. S-Bf. Baumschulenweg–Köpenick, Krankenhaus
	(ab/bis Wiener Brücke nur Mo-Fr HVZ)
24.07.1971	nur Mo-Fr (siehe 21)
14.07.1973	eingestellt (siehe 26)

Als die Ost-West-Linie 95 am 15. Januar 1953 von der Straßenbahn-Spaltung betroffen war, fehlten Zielschilder, so sehr war das Personal von den Maßnahmen überrascht worden. Ein Zug der nunmehr reinen Ost-Linie 95 mit dem behelfsmäßig beschrifteten Zielschild »Wiener Brücke« am S-Bahnhof Treptower Park. Die seitlichen Linienlaufschilder wurden natürlich auch entfernt.

Der Köpenicker Schloßplatz in Umgestaltung begriffen mit einem Zug der Linie 95 auf dem Wege zum Krankenhaus Köpenick in den sechziger Jahren.

Linie 96

| 22.12.1950 | Teltow, Lichterfelder Straße E. Paul-Gerhardt-Straße–Machnower Schleuse (vormals KWU Verkehrsbetriebe Potsdam) |
| 01.11.1961 | eingestellt |

Nach der Linientrennung an der Stadtgrenze im Dezember 1950 fuhr die neue »Ost-96« ausschließlich außerhalb der Berliner Stadtgrenze von Teltow-Seehof (Grenze) bis Stahnsdorf, Machnower Schleuse, anfangs ohne Liniennummern und meist mit einzeln verkehrenden Triebwagen. Das Foto entstand in der Lindenstraße in Teltow, durch die 1891 bereits die Dampfstraßenbahn gefahren war.

Am 9. Juni 1945 wurde die Linie 199 feierlich wieder in Betrieb genommen. Tw 3562, mit Girlanden und Transparenten in russischer Sprache geschmückt, auf dem Gelände des Betriebshofs Niederschönhausen. Links der Turm des zerstörten Gemeindehauses Nordend von 1909.

Linie 199 (West/Ost-Linie)

09.06.1945	Nordend, Straßenbahnhof–Pankow, Rathaus
27.06.1945	Nordend, Straßenbahnhof–Pankstraße E. Badstraße
06.07.1945	Nordend, Straßenbahnhof–Bf. Gesundbrunnen, Ramlerstraße
10.07.1945	Nordend, Straßenbahnhof–Pankstraße E. Badstraße
19.07.1945	Nordend, Straßenbahnhof–Bf. Gesundbrunnen, Ramlerstraße
27.07.1946	Nordend, Straßenbahnhof–Bf. Gesundbrunnen, Rügener Straße
20.01.1947	Nordend, Schillerstraße E. Dietzgenstraße–Bf. Gesundbrunnen, Rügener Straße
02.02.1947	(nur W)
08.06.1947	(wieder täglich)
19.06.1947	Niederschönhausen, Schillerstraße E. Charlottenstraße–Bf. Gesundbrunnen, Rügener Straße
01.06.1949	eingestellt (umbenannt in 45)

Sonderlinie für die sowjetische Besatzungsmacht

04.09.1946	Karlshorst, Dönhoffstraße–Wendenschloß, Ekhofstraße
1948	Freigabe für deutsche Fahrgäste
11.12.1949	eingestellt

Zeittafel

01.08.1949 BVG-Trennung

1950 Die ersten Neubau-Beiwagen (Lowa) werden an die BVG-Ost geliefert

01.09.1950 Die ersten Straßenbahn-Fahrerinnen werden eingesetzt

14.10.1950 Einstellung des grenzüberschreitenden Straßenbahnverkehrs aus dem amerikanischen Sektor in die sowjetische Besatzungszone (Linien 47 und 96)

22.12.1950 Die BVG-Ost übernimmt den am 18.12.1950 wieder eingerichteten Straßenbahnverkehr zwischen Teltow und Machnower Schleuse vom KWU Verkehrsbetriebe Potsdam

19.03.1951 Die erste Innenstadtstrecke (Rathausstraße) wird stillgelegt

02.08.1951 Zur Umgehung der im amerikanischen Sektor gelegenen Strecke in der Köpenicker Straße werden zwei Neubaustrecken in Betrieb genommen (Markgrafendamm/Hauptstraße und Blockdammweg/Ehrlichstraße)

03.09.1951 Wegen des Wiederaufbaus der Staatsoper wird der erst am 26.05.1950 wiedereröffnete Lindentunnel geschlossen

1952 Der Prototyp eines 2.50 m breiten Straßenbahnwagens wird geliefert und zwischen S-Bf. Grünau und Schmöckwitz erprobt (Einsatz im Linienverkehr ab 30.11.1953)

15.01.1953 Einstellung des Straßenbahnverkehrs über die Grenze der Westsektoren und des sowjetischen Sektors (Straßenbahn-Spaltung). Betroffen sind die Linien 3, 4E, 21, 23, 24, 35, 36, 73, 74, 87, 92, 95

1955 Die 1951 begonnene Umstellung auf Scherenstromabnehmer wird abgeschlossen

1957 Das RAW Schöneweide übernimmt die Aufgaben einer Hauptwerkstatt für die Straßenbahn

18.03.1957 Beginn der Einführung des Z-Betriebes (Zeitkarten-Triebwagen), zunächst im Berufsverkehr auf den Linien 63E, 69E, 74E, 86 und 87 (1960 abgeschlossen)

1958 Der Prototyp des wieder 2.20 m breiten Großraumzuges vom VEB Waggonbau Gotha wird ausgeliefert

1959 Auslieferung von 10 Trieb- und 20 Beiwagen des zweiachsigen Typs Bauart Gotha

1959 Beginn des Reko-Programms (abgeschlossen Januar 1970)

13.08.1961 Bau der Mauer (Änderungen bei den Linien 1, 3, 4, 11, 13, 22, 70, 74, 95)

01.11.1961	Umstellung des Inselbetriebes in Teltow-Stahnsdorf (Linie 96) auf Busbetrieb
22.04.1963	Beginn des ZZ-Betriebes. Nur noch der 2. Beiwagen ist mit einem Schaffner besetzt (Linien 82 und 95E)
01.03.1966	Einführung des OS-Betriebes (ohne Schaffner) auf den Linien 46, 82 und 95. Gleichzeitig Einführung einer Tarifvereinfachung, Abschaffung des Umsteigefahrscheins
02.01.1967	Morgens um 4.51 Uhr (Nachtlinie 69) fährt die letzte Straßenbahn über den Alexanderplatz
12.12.1967	Auf der Linie 72E wird letztmalig eine Schaffnerin eingesetzt
01.01.1969	Der VEB Kombinat Berliner Verkehrsbetriebe (BVB) wird gebildet. Straßenbahn und Obus bilden einen Kombinatsbetrieb
21.06.1969	Vorstellung des ersten historischen Straßenbahnwagens (Tw 10 »Cöpenick«)
1969/70	Übernahme der Großraum-Züge aus Magdeburg und Dresden
1970	Umstellung auf EDV-Wagennummern
24.08.1970	Einstellung des Straßenbahnverkehrs in der Leipziger Straße
31.03.1973	Neuordnung des Nachtverkehrs. Sämtliche Nachtlinien erhalten dreistellige Liniennummern
14.07.1973	Einstellung des Straßenbahnbetriebes in Treptow. Der Betriebshof Elsenstraße wird an den Kombinatsteil Ausflugsverkehr/ Weiße Flotte abgegeben
02.11.1975	Wendepunkt der Straßenbahn-Entwicklung in Ost-Berlin. Inbetriebnahme der Neubaustrecke Herzbergstraße/Rhinstraße. Dieser Neubau ist Auftakt für eine umfangreiche Netzerweiterung im Nordosten Berlins
28.03.1976	Der erste Tatra-Wagen vom Typ KT4D trifft in Berlin ein (Tw 219 002)
11.09.1976	Erster Einsatz der KT4D-Fahrzeuge im Linienverkehr (Linie 75)
01.12.1977	Erweiterung des Betriebshofs Lichtenberg. Die neugeschaffene Freiluft-Aufstellanlage wird in Betrieb genommen
1977	Beginn des Einbaus von Entwertern
01.1978	KT4D-Fahrzeuge jetzt in Doppeltraktion
06.04.1979	Die erste Straßenbahnstrecke in das Neubaugebiet Marzahn wird in Betrieb genommen (Allee der Kosmonauten von Rhinstraße bis Elisabethstraße)
02.07.1980	Die letzte Kuppelendstelle wird beseitigt (Schleife Altglienicke)
10.06.1981	Erster Spatenstich für den Bau des Straßenbahn-Betriebshofs Marzahn
11.02.1982	Erster Gütertransport mit der Straßenbahn (Getränkekombinat Spreequell, Lichtenberger Straße–Markthalle Ackerstraße, Chausseestraße)(nur kurze Zeit)

24.10.1983	Im Früh- und Nachmittags-Berufsverkehr verkehrt eine »Bummi-Straßenbahn« für Fahrgäste mit Kinderwagen und Kleinkindern zwischen Roederplatz und Marzahn, Henneckestraße	1989/90	Abgabe von KT4D-Fahrzeugen nach Potsdam (80 Wagen), Gera (2 Wagen) und Cottbus (1 Wagen)

24.10.1983   Im Früh- und Nachmittags-Berufsverkehr verkehrt eine »Bummi-Straßenbahn« für Fahrgäste mit Kinderwagen und Kleinkindern zwischen Roederplatz und Marzahn, Henneckestraße

Herbst 1983   Die BVB erhalten erstmals Tatra-Fahrzeuge mit Thyristor-Steuerung (Typ KT4Dt). Erster Einsatz im Linienverkehr im Juni 1984

1984   Die BVB übernehmen aus Leipzig acht KT4D-Triebwagen

1985   Neue Farbgebung bei der Straßenbahn
Fensterbereich: elfenbeinbeige
unterhalb der Fenster: rotorange
Dach: grau

01.04.1985   Inbetriebnahme der ersten Ausbaustufe im Betriebshof Marzahn (Fertigstellung Dezember 1988)

Herbst 1985   Abgabe von 5 Trieb- und 8 Beiwagen (TE/BE) nach Potsdam

1988   Die Straßenbahn wird mit Betriebsfunk ausgerüstet, zunächst die Typen KT4D und T2; abgeschlossen Januar 1989

09.1988   Die ersten Tatra-Fahrzeuge des Typs T6/B6 treffen in Berlin ein. Erster Einsatz im Linienverkehr 13.03.1989 (Tw + Tw + Bw)

10.03.1989   Zum letzten Mal verkehren zwei Straßenbahnzüge in der alten elfenbeinfarbigen Lackierung (Tw 217 160, 161 sowie Bw 267 127, 130, 137, 139), anschließend werden diese sechs Wagen zur Verschrottung abgestellt

09.11.1989   Fall der Mauer (Grenzöffnung)

1989/90   Abgabe von KT4D-Fahrzeugen nach Potsdam (80 Wagen), Gera (2 Wagen) und Cottbus (1 Wagen)

22.06.1990   Straßenbahn-Wagenkorso anläßlich »125 Jahre Straßenbahn in Berlin« durch Ost-Berlin mit 12 Wagen

1990/91   Zwei KT4D-Fahrzeuge werden im LEW Hennigsdorf modernisiert (219 491 und 429): Chopper-Steuerung, Digitale Fahrtzielanzeige, Haltestellenanzeige im Wagen, Stoffsitze

14.05.1990   Der Straßenbahn-Güterverkehr wird eingestellt (letzte Strecke Hultschiner Damm–Grünauer Straße)

01.07.1990   Währungsunion

03.10.1990   Wiedervereinigung Deutschlands

01.05.1991   Letzte Neubaustrecke (Betriebshof Marzahn–Hellersdorf, Riesaer Straße) unter Regie der BVB wird in Betrieb genommen (Einweihung am 30. April 1991)

01.07.1991   Tariferhöhung bei den BVB. Einzelfahrt von 20 Pfennig auf DM 1.– erhöht

08. 1991   Letztmalige Lieferung von Tatra-Großraum-Fahrzeugen (24 Tw T6, 12 Bw B6)

11. 1991   Zu Testzwecken ist der Bremer Niederflurwagen 801 (Typ GT6N) für einige Tage in Berlin

01.01.1992   Die BVB werden mit der BVG (wieder-)vereinigt

Straßennamen

Straßennamen		
DDR-Name	**historischer Name**	**heutiger Name**
Allee der Kosmonauten	(teilw.) Geißenweide	Allee der Kosmonauten
Am Ostbahnhof,	Am Schlesischen Bahnhof	Am Hauptbahnhof
Am Hauptbahnhof		
Artur-Becker-Straße	Kniprodestraße	Kniprodestraße
Bersarinplatz	Baltenplatz	Bersarinplatz
Bersarinstraße	Petersburger Straße	Petersburger Straße
Bölschestraße	Friedrichstraße	Bölschestraße
Bruno-Bürgel-Weg	Sedanstraße	Bruno-Bürgel-Weg
Bruno-Leuschner-Straße	–	Raoul-Wallenberg-Straße
Clara-Zetkin-Straße	Dorotheenstraße	Dorotheenstraße
Dietzgenstraße	Kaiser-Wilhelm-Straße	Dietzgenstraße
Dimitroffstraße	Danziger u. Elbinger Straße	Danziger Straße
Dörpfeldstraße	Bismarckstraße	Dörpfeldstraße
Ehrlichstraße	Auguste-Viktoria-Straße	Ehrlichstraße
Fredersdorfer Straße	Königsberger Straße	Fredersdorfer Straße
Friedrich-Engels-Straße	Reichskanzlerdamm	Friedrich-Engels-Straße
	u. Kaiserweg	
Gehrenseestraße	Falkenberger Straße	Gehrenseestraße
Haeckelstraße	Roonstraße	Haeckelstraße
Hans-Beimler-Straße	Neue Königstraße	Otto-Braun-Straße
Heinrich-Heine-Straße	Neanderstraße	Heinrich-Heine-Straße
Henneckestraße	–	Wuhletalstraße
Johannes-R.-Becher-Straße	Breite Straße	Breite Straße
Karl-Kunger-Straße	Graetzstraße	Karl-Kunger-Straße
(Karl-)Liebknecht-Straße	Kaiser-Wilhelm-Straße (teilw.)	Karl-Liebknecht-Straße
Karl-Marx-Allee	siehe Stalinallee	
Kurt-Fischer-Platz	Bismarckplatz	Pastor-Niemöller-Platz

Leninallee	Landsberger Straße/ Landsberger Allee/ Landsberger Chaussee u. Ahrensfelder Straße	Landsberger Allee
Leninplatz	Landsberger Platz	Platz der Vereinten Nationen
Mollstraße	(teilw.) Jostystraße	Mollstraße
Nöldnerstraße	Prinz-Albert-Straße	Nöldnerstraße
Ossietzkyplatz	Friedensplatz	Ossietzkyplatz
Planckstraße	Prinz-Louis-Ferdinand-Straße	Planckstraße
Paul-Gerhardt-Straße (Teltow)	Körnerstraße	Paul-Gerhardt-Straße
Puschkinallee	Treptower Chaussee	Puschkinallee
Romain-Rolland-Straße	Kronprinzenstraße u. Kaiser-Wilhelm-Straße	Romain-Rolland-Straße
(Rosa-)Luxemburg-Platz	Bülowplatz/ Horst-Wessel-Platz (U-Bf. Schönhauser Tor)	Rosa-Luxemburg-Platz
(Rosa-)Luxemburg-Straße	Kaiser-Wilhelm-Straße (teilw.)	Rosa-Luxemburg-Straße
Schnellerstraße	Berliner Straße	Schnellerstraße
Stalinallee (später teilw. Karl-Marx-Allee)	Große Frankfurter Straße u. Frankfurter Allee	Karl-Marx-Allee/ Frankfurter Allee
Straße der Befreiung	Alt-Friedrichsfelde	Alt-Friedrichsfelde
Walter-Ulbricht-Stadion (U-Bf.), Stadion der Weltjugend (U-Bf.)	Schwartzkopffstraße (U-Bf.)	Schwartzkopffstraße (U-Bf.)
Werlseestraße	Markgrafenstraße	Werlseestraße
Wilhelm-Pieck-Straße	(Elsässer u.) Lothringer Straße	Torstraße

Erläuterungen

Die Straßenumbenennungen erfolgten nicht immer einheitlich, d. h. in Einzelfällen wurden mehrere Namen eines durchgehenden Straßenzuges zusammengefaßt. Auffälligstes Beispiel ist die Leninallee. Auch bei den erneuten Umbenennungen (Rückbenennungen) nach 1990 wurde zum Teil so verfahren (Danziger Straße).

Der Name der Elsässer Straße ist in Klammern gesetzt, da sie zwar Teil der Wilhelm-Pieck-Straße wurde, jedoch keinen Straßenbahnverkehr aufwies.

Bei Liebknecht und Luxemburg wurden die Vornamen erst später hinzugefügt.

Die Schwartzkopffstraße hat zwar immer ihren Namen behalten, doch wurde die dort befindliche Endstelle der Straßenbahnlinien mit den jeweiligen Namen des in der Nähe befindlichen Sportstadions bezeichnet.

15

Literatur

S. Hilkenbach, W. Kramer, C. Jeanmaire: Berliner Straßenbahnen, 1973

S. Hilkenbach, W. Kramer, C. Jeanmaire: Berliner Straßenbahngeschichte II, 1977

W. Kramer, S. Hilkenbach, C. Jeanmaire: Die Straßenbahnlinien im westlichen Teil Berlins, 1986

W. Kramer, S. Hilkenbach, C. Jeanmaire: Staßenbahnlinien in Berlin (West), 1986

(alle Verlag Eisenbahn, Villigen (Schweiz))

S. Hilkenbach, W. Kramer: Die Straßenbahnen in Berlin, 3. Auflage, Alba Publikation, Düsseldorf, 1994

Autorenkollektiv: Straßenbahn-Archiv 5, transpress-Verlag, Berlin, 1987

W. Schneider: Der Städtische Berliner Öffentliche Nahverkehr, BVG, Berlin, o. J.

R. Demps, J. Kubig, C. Blasche: 125 Jahre Straßenbahnen in Berlin, Berliner Verkehrsbetriebe (BVB), 1990

R. Schipporeit: Historische Fahrzeuge in Berlin, Museum für Verkehr und Technik, Berlin, 1991

Tram Geschichte(n): Von der 3 zur 23, GVE, Berlin, 1995

R. Demps und andere: 100 Jahre Elektrische im Bezirk Pankow von Berlin, Freundeskreis der Chronik Pankow, 1995

Berliner Verkehrsblätter, verschiedene Jahrgänge

Verkehrsgeschichtliche Blätter, verschiedene Jahrgänge